d

Norman Ohler

Der Zauberberg, die ganze Geschichte

Diogenes

Der Diogenes Verlag wird vom Bundesamt für Kultur
für die Jahre 2021–2025 unterstützt

Diogenes Verlag AG Zürich
info@diogenes.ch · www.diogenes.ch
In Fragen zur Produktsicherheit (GPSR):
truepages UG (haftungsbeschränkt)
Westermühlstraße 29, 80469 München
info@truepages.de
20/25/44/2
ISBN 978 3 257 07318 8

Für Nuri und ihre Freundinnen

Inhalt

ERSTES KAPITEL

»Ein bedeutendes Buch
erzählt immer nur von nichts.«
Mohamed Mbougar Sarr

Anreise

Es ist im Grunde eine einfache Sache, ich fuhr mit meiner 14-jährigen Tochter Suki im tiefsten Winter von Berlin nach Davos in die Skiferien. Von der deutschen Hauptstadt bis dort hinauf, das ist heutzutage keine sonderlich weite Reise, dafür eine kostspielige. Hotel und Restaurants, Skipass, Ausleihgebühren für Ski, Skischuhe, Helm und was noch so dazukam: Alles war in der Schweiz entsprechend bepreist, zumal nach der Pandemie und während eines Krieges in Europa. Aber da ich mir sagte, dass mein Töchterchen hier möglicherweise eine Erfahrung fürs Leben machen würde, hatte ich meinen Frieden damit geschlossen und überlegte nur, ob ich diesen offensichtlichen Urlaub nicht irgendwie beim Finanzamt als Geschäftsreise geltend machen könnte. Ist das nicht der Nationalsport der Deutschen, noch vor dem Fußball: etwas absetzen? Doch wie würde ich unsere Destination rechtfertigen? Was war der Grund, ausgerechnet dorthin zu fahren, »Da vo's teuer ist«, wie Suki den Ortsnamen interpretierte? Könnten wir nicht auch in der Tschechischen Republik oder meinetwegen in Österreich die Hänge hinunter?

Auf der Reise begleitet wurden wir von Sukis bester Freundin und Klassenkameradin Lana, die schon 15 war, sowie ihrer Mutter Anne. Vor Ort würden wir außerdem die mir noch unbekannte 14-jährige Lone treffen, ebenfalls mit Mutter, die Elizabetha heißt und Fotokünstlerin ist. Beide konnten schon Ski fahren, waren in Elizabethas Porsche Cayenne vorgefahren, und tatsächlich war es Elizabetha gewesen, die für Davos entschieden hatte, vielleicht war bei ihr das nötige Kleingeld nicht so das Problem. Anne und ich hatten uns dem angeschlossen, weil Davos irgendwie hochwertig schien – und wir uns nicht getraut hatten, unseren verwöhnten Töchtern irgendwelche unbekannten Alternativorte wie zum Beispiel die böhmischen Pec pod Sněžkou, Boží Dar oder Železná Ruda vorzuschlagen. *Davos*, das besaß einen Klang! Hatte nicht Thomas Mann ebendort seinen *Zauberberg* angesiedelt? Und da fand doch auch dieses ebenso glamouröse wie ominöse *World Economic Forum* statt, wo sich einmal im Jahr die Superreichen trafen, um irgendwie cool zu wirken, während sie weiterhin die Zerstörung des Planeten vorantrieben, oder?

Am Gate einer Billigairline am Flughafen BER trafen sich Suki und ich mit Lana und Anne. Die beiden Mädchen freuten sich riesig, umarmten und herzten sich, was mich rührte, und ich fragte mich, ob es auf dieser Welt etwas Schöneres und Privilegierteres geben könne, als mit seiner Tochter und deren bester Freundin in den Skiurlaub zu fahren, egal, ob das nun Davos war oder nicht, und auch schnuppe, wenn nach der Rückkehr der Gürtel erst mal enger geschnallt wurde.

Der Flug über den östlichen Teil Deutschlands, die süddeutsche Hochebene und den Bodensee verlief unspektakulär, produzierte aber, wie mich die Umwelt-App meines Telefons informierte, pro Passagier 335 Kilogramm CO_2, mehr als die Hälfte dessen, was eine Person *pro Jahr* verursachen sollte. Nach einer guten Stunde landeten wir in Zürich, wo Lanas Vater Lewi uns erwartete, ein Engländer mit großem Kopf und noch größerem Lächeln, der britisch-pragmatisch bereits einen Mietwagen klargemacht hatte. Obgleich Anne und er getrennt leben, er in der Nähe von Málaga, wo er etwas mit Immobilien und der Instandsetzung von Ferienapartments zu tun hat, reisen sie hin und wieder zusammen, um Lana ein Vergnügen zu bereiten. So einfach ist das.

Auch die Autofahrt, die pro Nase weitere 30 Kilogramm CO_2 verursachte, bot wenig Sensationelles. Recht eng saßen wir in dem nagelneuen Gefährt zusammen, obwohl dieses nicht klein war, die Karosserie sogar überdimensioniert wirkte, ich hinten neben den Grazien eingepfercht, unter uns eine Schweizer Autobahn. Erst als wir diese verließen und einer Landstraße folgten, die in Kurven und durch Tunnels das Hochgebirge in Angriff nahm, begann die Gegend an Kontur zu gewinnen, sich abzuheben vom Einerlei – ragten grantig und granitgrau Felswände rechts und links empor oder rauschte tief unter uns eiskalt ein Bach. *Schnee* lag – ein seltener Anblick, den Anne unseren Töchtern enthusiastisch verkündete, um deren Blicke für Sekunden von ihren Bildschirmen zu lösen. Als es Lewi plötzlich schummrig wurde, er aufgrund der Tunnels sogar Herzrasen bekam, hielten wir rasch an und tauschten Plätze. Mir machte die kurvenreiche Tour auf enger Fahrbahn nichts aus, vielmehr hat mich das Autofahren schon immer beruhigt, weil es irgendwie hirnabtötend wirkt. Plötzlich, ich war hinter dem Lenkrad noch gar nicht richtig warm geworden, befanden wir uns bereits in Davos, dieser angeblich höchstgelegenen Stadt nicht nur der Schweiz, sondern ganz Europas, waren also *da,* auch wenn es mir nicht so vorkam. Zu rasch war alles gegangen, und Davos wirkte auch nicht wie eine Stadt, kaum wie eine geschlossene Siedlung, hässliche Flachdächer und zu zerfleddert alles, neubautendurchsetzt, kurios unterteilt in Davos Dorf und Davos Platz, wo wir den Wagen in einer Tiefgarage verstauten und eine sogenannte Standseilbahn betraten, die uns im 45-Grad-Winkel innerhalb von vier Minuten von 1550 auf nun schon etwas atemberaubendere 1850 Meter beförderte und vor einem Hotel mit dem Namen Schatzalp herausließ.

Auch bei der Hotelbuchung hatte ich mich treudoof angeschlossen und nicht weiter darum gekümmert, was das für ein Etablissement sein würde, wo die Doppelzimmer in der Hochsaison, den Schweizer »Sportferien« nämlich, die just angebrochen waren, mit 270 Franken pro Nacht zu Buche schlugen, mit Frühstück immerhin. Doch als ich mich unter einem strahlend blauen Himmel entlang der cremeweiß gestrichenen Holzfassade durch eine Art Kreuzgang, an dessen Stützsäulen ebenso cremeweiße Sonnenschutzvorhänge festgebunden waren, der filigranen Glastür mit Jugendstilverzierungen näherte, hinter der eine Wandelhalle abzweigte, die mich unmittelbar an ein Sanatorium erinnerte, obwohl ich noch nie ein solches betreten habe, merkte ich auf. Hatte ich vorher geglaubt, einfach nur in den Skiurlaub zu fahren, und sogar überlegt, meinen Laptop zu Hause zu lassen, wirklich nur zu entspannen, um nach vier Tagen zurück im flachen Berlin zu sein, mein glückliches Leben als unglücklich verliebter Single genau dort wiederaufzunehmen, wo ich es verlassen hatte, war plötzlich etwas anders geworden. Ich blieb stehen, während die anderen zur Rezeption gingen, kniff die Augen zusammen und ließ den Blick über den schneebestäubten Nadelwald in das lang hingestreckte Tal gleiten, schnupperte die frische, kalte Luft und spitzte meine Ohren, weil ich es zwitschern hörte. Ich war erregt, wusste aber nicht, weshalb; gleichzeitig spürte ich einen Anflug von Verunsicherung angesichts der hohen Berge ringsum, der Baumgrenze, die sich scharf markierte, und des schneebedeckten Felsens darüber. Meine Tochter zupfte mich am Ärmel: Sie wolle einchecken und sich umziehen für das Mittagessen. Ich gab mir einen Ruck und lief mit ihr zum Empfang.

Der Fremdenführer mit dem Pilzohrring

Das Hotel *resonierte* mit mir oder ich mit ihm, ich spürte da etwas *Zusätzliches,* wie ich es manchmal empfand, wenn ich mich in besonderen Räumlichkeiten aufhielt. Was es in diesem Fall war, blieb noch undeutlich, doch meine Neugier war geweckt. Es war kein Luxushotel im konventionellen Sinn, sondern versprühte den Charme des letzten Jahrhunderts, und wie ich an der Rezeption erfuhr, befanden wir uns tatsächlich in einem ehemaligen Sanatorium, dem einst ersten Haus am Platz, in dem sich vor einhundert Jahren die lungenkranken Reichen aus ganz Europa getummelt hatten. Dass es früher einmal mondän gewesen sein musste, war augenscheinlich, und womöglich lag in dieser *vergangenen* Eleganz das Reizvolle. Vieles war original, keine Renovierung hatte die Messingtürgriffe ersetzt, auch der Fahrstuhl war der alte, mit Eisengitter, das per Hand geschlossen werden musste. Die Wände der Kabine überspannte dunkelgrüner Stoff mit goldenen floralen Mustern. Sogar eine gepolsterte Sitzbank gab es in diesem Lift, früher für Hinfällige vielleicht, die die kurze Wegstrecke nach oben nicht stehend schafften, oder für Verliebte.

Auch Suki gefiel dieser mit »historischem Edelrost« überzogene Komfort, wie es im *Zauberberg*-Roman heißt, den ich in der Schublade des Nachttischschränkchens unseres Zimmers entdeckte. Doch bei der Schatzalp handelte es sich nicht um das darin geschilderte Sanatorium »Berghof«; Thomas Mann hatte für seine Geschichte ein fiktives Etablissement entwickelt, vielleicht um seiner Fantasie freieren Lauf zu lassen – oder um rechtlich nicht angreifbar zu sein.

Ich ärgerte mich ein wenig. Ich hatte einen kleinen Klumpen Haschisch, den mir eine Freundin bei einer Party ungefragt in die Hand gedrückt hatte, mit in die Schweiz nehmen wollen. Pflichtbewusst hatte ich ihn bei der Sicherheitskontrolle am Flughafen in die Plastikschale gelegt, nachdem es geheißen hatte, die Hosentaschen bitte vollständig zu leeren. Als ich meine Uhr und mein Handy nach der Durchleuchtung wieder an mich genommen hatte, war der Haschischklumpen nicht mehr da gewesen. Ich hatte beschlossen, kein Aufhebens darum zu machen, vor allem vor meiner 14-jährigen Tochter nicht, der ich das Kiffen verbot. Dass sich eine der Sicherheitsbeamtinnen des Klümpchens angenommen hatte, stand außer Frage. Ich hatte es mir so schön vorgestellt: nach Ankunft im Hotel auf den Balkon zu gehen – oder die Loggia, wie das hier hieß –, während Suki bei ihren Freundinnen weilte. Ich würde das Panorama genießen, etwas marokkanisches Sahnehasch konsumieren, um den Wohlfühleffekt des Urlaubs zu verstärken und vielleicht sogar auf originelle Gedanken zu kommen. Nun konnte ich höchstens auf den Wein zurückgreifen, den Elizabetha im Cayenne hergefahren hatte, doch Alkohol hat mein Hirn noch nie kreativ gemacht.

Beim Lunch fiel dann Anne, der ich den Vorfall am BER schilderte, ein junger Fremdenführer mit Fliegenpilzohrring auf, möglicherweise ein Nutzer bewusstseinsverändernder Substanzen, wie sie fachkundig meinte. Er saß ganz allein an einem Tisch. Ich fackelte nicht lange und nahm ihn beiseite. Ich sei nur ein paar Tage hier, rauche ohnehin nicht viel, bräuchte lediglich eine verschwindend geringe Menge und wolle wissen, ob er mir vielleicht helfen könne. So ein bisschen, nur zum Schreiben. Das mit dem Schreiben sagte ich, damit er kein schlechtes Gewissen hätte, mir unter Umständen etwas abzugeben. Dann nahm ich das Zeug sozusagen zu einem guten Zweck, das war unterstützenswert. Er war tatsächlich der richtige Kandidat, verstand sofort, griff in seine Hemdtasche und drückte mir etwas in die Hand. Voilà.

Eine Viertelstunde später, Suki hing wie erwartet mit Lana und Lone in Annes Zimmer ab, saß ich in einem der original Davoser Liegestühle, die einst für die Liegekur gegen Tuberkulose verwendet worden waren und die Thomas Mann als sehr bequem gelobt hatte. Ich entspannte mich und überlegte, ob es für einen Schriftsteller überhaupt so etwas gab wie ein *nicht* absetzbares Privatleben.

Selbst einen Skiurlaub steuerlich geltend zu machen musste prinzipiell möglich sein, wenn ich nämlich ein Buch schrieb über einen Skiurlaub. Wie sonst würde ich dafür recherchieren? Ich konnte ja vielleicht das Verschwinden des Skifahrens thematisieren. War es nicht eine absurde Sportart, die sich selbst abschaffte, da der Aufwand dafür mittlerweile so umweltschädigend war, dass es bald keinen Schnee mehr geben würde? Ich dachte an all das CO_2, das wir in die Luft geblasen hatten, nur um hierherzukommen, ganz zu schweigen vom energieintensiven Betrieb der Liftanlagen, Schneekanonen und was sonst so vonnöten war. Ich würde einen Essay verfassen mit dem Titel »Bericht an das Finanzamt Friedrichshain-Kreuzberg betr. eines Skiurlaubs mit meiner 14-jährigen Tochter in Davos, Schweiz« und darin die großen Themen unserer untergehenden Zeit behandeln.

Der Gedanke war nicht so abwegig. Zum einen ging unsere Zeit offenbar tatsächlich ihrem Ende entgegen und war deshalb beschreibenswert, zum anderen fielen mir mehrere Romane ein, die als Berichte getarnt waren, an irgendeine Kommission oder Jury oder als ein Schreiben an ein Amt, ob es *Das Schloss* von Franz Kafka ist, sein *Bericht für eine Akademie* oder Albert Camus' *Der Fall* (das Buch, das ihm den Nobelpreis brachte, obwohl *Der*

Fremde viel besser ist), und auch George Orwell schrieb *1984* als Report eines Rebellen in einer dystopischen Gesellschaft.

»Was machst du, Papa?« Suki stand in Joggingklamotten und Air Jordans hinter mir. Überrascht und leicht schuldbewusst drehte ich mich um. Konnte sie etwas riechen von dem Hasch?

»Ich arbeite«, antwortete ich und lächelte breit. »Und du so?«

»Ich chillaxe.«

»Sehr schön. Gefällt dir das Hotel?«

»Totenkrass. Ich fühl das. Lana auch.«

»Und Lone?«

»Ja, die auch«, antwortete Suki. Sie kam einen Schritt näher: »Papsi, was ist mit Emma?«

Ich sah sie an. »Wie, was meinst du damit?«

»Hast du sie endlich geditchet?«

»Ich geb' ihr eine letzte Chance.«

»Die wievielte letzte Chance ist das jetzt?«

»Ich hab' nun mal noch nicht aufgegeben«, antwortete ich und fügte scherzhaft hinzu: »Und vielleicht springt ja noch eine Handtasche für dich heraus …« Ich grinste, bereute meine Worte aber sofort.

»Ich will keine Handtasche«, sagte Suki. »Ich will, dass Leute dich gut behandeln und dass du glücklich bist. Emma bringt dir nicht den gehörigen

Respekt entgegen. Weil sie depressiv ist, das hast du selbst gesagt. Weil sie sich selbst nicht liebt, deshalb kann sie dich auch nicht lieben. Du hast doch schon so oft von ihr gehört, dass jetzt endlich *eure* Liebe dran ist. Und nie ist was passiert.«

Ich stützte mich auf und nickte. »Du hast ja recht. Aber wenn wir zusammen wären, hätte sie keine Depression mehr …«

»Du musst sie vergessen«, entgegnete Suki. »Sie wird ihren glatzköpfigen Galeristen und Immobilienfuzzi *nie* verlassen. Sonst hätte sie es längst getan. Alle Karten liegen auf dem Tisch. Sie kennt euch beide, aber bleibt lieber bei ihm … *Read the signs,* Papa.«

Früher hatte Suki Emma gemocht, und zwar nicht nur, weil diese ihr in einem Moment des Überschwangs eine alte Prada-Handtasche ihrer Mutter geschenkt hatte, die diese nicht vermissen würde, da sie ein halbes Dutzend davon im Schrank herumfliegen hatte. Doch dass Emma sich eben nicht von ihrem Mann trennte, einem New Yorker aus gutem Hause, hatte meine Tochter ihr übel genommen. »Du bist nicht zweite Wahl, Papa«, fügte Suki jetzt hinzu: »Du bist nicht die Beilage, du bist das gottverdammte Schnitzel. Du bist nicht *the other woman*. Du bist der O. G.«

»Was bin ich?«

»Der *Original Gangsta,* ach, Mann, Papa! So, ich geh wieder zu Lana und Lone. Wir sehen uns zum Abendessen, okay?«

»Ja, ist gut«, antwortete ich tapfer. »Wenn es mit Emma aus ist, steig ich übrigens auf irgendeinen Berg.«

»Whatever«, sagte Suki achselzuckend und verschwand.

Mit einer merkwürdigen Mischung aus Anspannung und Gelassenheit lehnte ich mich zurück, packte mein Notizheft auf die Decke, die mich vor der winterlichen Kälte schützte, und schrieb unser Gespräch auf. Dann dachte ich an Emma und schaute in die Gegend, die vor meiner Loggia wie ein Gemälde aufgespannt war: das Landwassertal, die schneebedeckten Berge dahinter, Tinzenhorn, Älplihorn und wie sie alle hießen.

War das hier immer so sauteuer und stinkreich gewesen?, fragte ich mich als Nächstes und dachte erneut kurz an Emma, die mit ihrem Mann in Paris lebte. Die Schweiz, diese unzugängliche Bergregion, muss doch auch einmal arm gewesen sein. Wie war dieser Umschwung passiert, durch die Uhrenmanufaktur vielleicht? Wie hatte sich dieses Nest Davos so nach oben gekämpft? Könnte ich das nicht schriftstellerisch erkunden? Wie wäre es mit einem Text, der vom Aufstieg der Moderne handelte und von ihrem Niedergang? Plötzlich fiel mir ein besserer Titel als »Bericht an das Finanzamt Friedrichshain-Kreuzberg« ein: »Der Zauberberg«. Ja, ich würde die *ganze* Geschichte erzählen, auf der auch der *Zauberberg*-Roman basiert, der ja selbst nur ein holografischer Splitter ist, trotz seines beeindruckenden Umfangs und künstlerischen Anspruchs.

Ich beschloss, der Sache ab morgen auf den Grund zu gehen, während Suki und Lana die Skischule besuchten, alleine schon aus steuerlichen Gründen! Thomas Mann hatte angeblich drei Wochen hier verbracht, um zu recherchieren, aber das waren andere, langsamere Zeiten gewesen. Mir mussten drei Tage genügen, und ich beschloss, anstatt die Hänge hinabzugleiten, wie ich es vorgehabt hatte, mich in den Archiven zu verkriechen, die es in Davos, offenbar einem Ort mit Bewusstsein für die eigene Geschichte, tatsächlich gab, wie ich rasch im Internet erkannte. Inspiriert erhob ich mich von meinem Liegestuhl: Plötzlich hatte ich einen Auftrag!

ZWEITES KAPITEL

»Es ist erstaunlich, welch eine Wirkung
ein einziger Sonnenstrahl in der Seele des Menschen
hervorzubringen vermag.«

Fjodor Dostojewski

Ein bettelarmes Bergkaff

Meine Vermutung bestätigte sich: Vor gar nicht allzu langer Zeit hatte es in diesem Tal vollkommen anders ausgesehen, und der Umschwung war zeitlich genau zu bestimmen, ebenso die Person, die dafür verantwortlich war. Als im Jahr 1853 der abgebrannte, wegen seiner Beteiligung an der gescheiterten Märzrevolution in Deutschland gesuchte und in Abwesenheit sogar zum Tode verurteilte 23-jährige Medizinstudent Alexander Spengler, ein gebürtiger Mannheimer, in das schwer zugängliche Davos flüchtete – *davo* ist Rätoromanisch und bedeutet *dahinter* –, war dieser abgeschiedene Ort vollkommen unbekannt, ein Kaff wie viele andere und von bitterer Armut geplagt. Fünf Jahre zuvor hatten die Erzgruben im nahe gelegenen Silberberg schließen müssen; seitdem war der wirtschaftliche Tiefpunkt erreicht. Vom Strom, dieser revolutionären Technik, hatten die Leute hier noch nicht gehört, das Wasser wurde aus Brunnen geschöpft, die Frauen kochten in verrußten

Töpfen über der offenen Feuerstelle, spannen Wolle, nähten die Kleidung selbst, die Männer spalteten Holz für den Ofen in der Wohnstube, geschlafen wurde auf Strohlagern. Die Fugen der Wände waren mit Moos zugestopft, damit es nicht so zog, Plumpsklos klebten an den Rückseiten der Scheunen.

Damals tagte kein Weltwirtschaftsforum, stattdessen kam jedes Jahr vor Ostern, wie auch in anderen Alpendörfern, ein waschechter Sklavenhändler vorbei, »schritt von Hütte zu Hütte und pochte an die kleinen Fenster. (...) Bei seinem Anblick weinten viele Kinder und nahmen Abschied von den jammernden Müttern und Geschwistern und von den Vätern, von denen mancher auch mitweinte. Ach, war das ein Händeringen, als der bärtige Mann an die Fenster klopfte! Und hinter den Fenstern, wie sah es da so armselig aus! Die Kartoffeln mit ein wenig Salz auf dem blanken Tisch, das war das Abschiedsmahl.«

Ob der Asylant Spengler mit eigenen Augen gesehen hat, wie die elenden Würmchen mit ihrer notdürftigen Kleidung und den Lappen um die Füße über verschneite Gebirgspässe gen Norden ins reichere Deutschland geführt wurden, auf den Kindersklavenmarkt von Ravensburg, ist nicht überliefert. Dass dem »eingefleischten Hochroten«, der

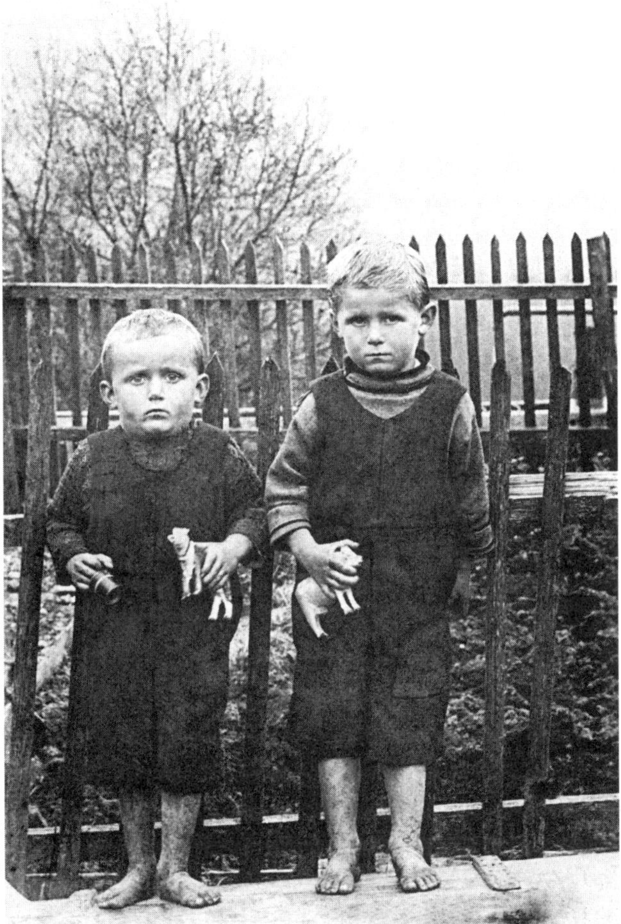

Schweizer Buben auf dem Weg zum Kindersklavenmarkt in Deutschland.

für das Kommunistische Manifest brannte, den damaligen Sachbuchbestseller, die Armut der ihm Schutz gewährenden Menschen zu Herzen ging, steht jedoch fest: Trotz mieser Bezahlung von nur 50 Franken monatlich trat er eine Stellung als Landarzt an, wobei er pro Krankenbesuch, den er im Winter mit Schneeschuhen, im Sommer zu Pferd absolvierte, 85 Rappen extra erhielt. Immer wieder überlegte er, wie er seinen Patienten, die noch weniger besaßen als er, helfen konnte, diesen »kräftigen strammen Gestalten« mit »zäher Ausdauer und überraschenden Körperkräften«, wie er sie beschrieb.

Irgendwann bemerkte Spengler, dass keiner von ihnen an Tuberkulose litt. Die auch »Schwindsucht« genannte Krankheit war das drängendste medizinische Problem seiner Zeit und hielt diese Welt buchstäblich in Atem. Noch heute führt diese Seuche die internationale Statistik der tödlichen Infektionskrankheiten an, doch Mitte des 19. Jahrhunderts war die meist die Lunge befallende »weiße Pest« zum Beispiel in England für über ein Viertel aller Sterbefälle verantwortlich, und in Deutschland verursachte sie bei jüngeren Leuten jeden zweiten Todesfall. Seit Menschengedenken stellte die unheilbare Krankheit die Ärzte vor Rätsel: So gut wie jeder infizierte sich damit, doch nur bei manchen brach sie aus, und nicht immer verlief sie letal, aber oft. Verzweifelte Patienten probierten alles Mögliche, der Dichter Friedrich Schiller bewahrte auf seinem Schreibtisch schimmlige Äpfel auf, da er hoffte, deren Ausdünstungen hielten das Lungenleiden in Schach – womöglich zu Recht, wie sich Mitte des 20. Jahrhunderts herausstellte, als bekannt wurde, dass ein Schimmelpilz, das Penicillin, antibiotisch wirkte. Zu Spenglers Zeiten kostete das Übel alljährlich Zigmillionen Menschen das Leben, und ein Ende der Pandemie war nicht in Sicht. In ländlichen Gebieten galt die Tuberkulose als häufigste Todesursache. Nur in Davos kam sie wunderbarerweise nicht vor. Auch hatte Spengler beobachtet, wie Einheimische, wenn sie das Hochtal verließen, im flachen Land prompt an der Schwindsucht erkrankten, aber wieder gesundeten, nachdem sie zurückkehrten.

Als er erfuhr, dass in Schlesien ein Arzt eine Lungenheilanstalt betrieb und trotz vergleichsweise bescheidenen 600 Höhenmetern den klimatischen Verhältnissen einen heilsamen Effekt zuschrieb, unternahm Spengler meteorologische Beobachtungen: »Die Richtung des Hochtales von Nordost nach Südwest, seine trichterförmige Ausbreitung nach oben, gestatten den Strahlen der Sonne den Zutritt von morgens früh bis abends spät. Seine hohe Lage bedingt ziemlich nebelfreie und jedenfalls mehr helle, sonnige Tage, als sie im Flachlande vorkommen, besonders im Verlaufe des Winters, wo wir uns sehr oft des schönsten Wetters und erwärmenden Sonnenscheins erfreuen dürfen, während über den tieferen Gegenden beständiger Nebel, ein bleierner Winterhimmel hängt.« Mehr Sonne, weniger Regen, saubere Luft: War dies der Grund dafür, dass im Landwassertal niemand an Tuberkulose erkrankte? Spengler fand Aussagen, die seine These stützten: Alexander von Humboldt hatte bei seinen Reisen nach Südamerika festgestellt, dass in hoch gelegenen Gebieten Schwindsucht nicht vorkam. Bedingte die Sauerstoffarmut der Höhenluft ein tieferes Einatmen und dadurch bessere Ventilation und Heilung der Lunge?

Spengler beschloss, es darauf ankommen zu lassen: Er würde Patienten aus ganz Europa einladen, um sie vor Ort den Elementen auszusetzen, dadurch zu heilen. Das Unterfangen war verrückt, doch nicht aussichtslos, da Kranke nach jedem Strohhalm greifen, um einem sicheren Tod zu entkommen. So begann er, Artikel in medizinischen Fachzeitschriften zu veröffentlichen und für Davos als magischen Platz der Heilung zu werben.

Seine Idee, die letztlich nichts als eine Fiktion war, eine gute Geschichte, passte perfekt in die Zeit.

Der Brite Thomas Cook hatte just 1861 die erste Pauschalreise veranstaltet, seitdem nahm der Tourismus zu – beliebtes Ziel: die Alpen. Abenteuerlustige Engländerinnen und Engländer wagten immer häufiger den Weg in abgelegene Bergregionen; die ersten Reisereportagen erschienen. Auch wenn darin von einer desperaten Landbevölkerung die Rede war, die Nepp-Preise für Kirschen und Souvenirs verlangte, bettelnde Kinder und das Fehlen von Toiletten in Gasthäusern moniert wurden, gab es auch viel Lob für die ursprüngliche Natur, die gesunde Luft. Ein Hype um die exotische Schweiz entstand, und Spengler konnte sich Hoffnung machen, dass auch sein Lockruf nicht ungehört verhallen würde. Nur in Davos selbst, wenn er Nachbarn und Freunden von seinem aberwitzigen Plan erzählte, das abgelegene Nest in einen Weltkurort zu verwandeln, schüttelten alle verständnislos den Kopf.

Die Fiktion der Heilung

Am 8. Februar 1865, beinahe auf den Tag genau 158 Jahre vor dem Beginn unseres Skiurlaubs, kamen die ersten beiden Wintergäste nach Davos. Geschwächt durch ihre Tuberkulose-Erkrankung, gab ihnen die beschwerliche Reise beinahe den Rest, sodass sie kaum noch am Leben waren, als sie das Landwassertal endlich erreichten. Vor allem das finale Stück, die schier endlose Strecke in einer zugigen Kutsche von Landquart hinauf ins Hochgebirge durch Massen von Schnee, hatte ihre Reserven aufgezehrt. Auch der Empfang der Schwerkranken, eines Buchhändlers und eines Arztes aus Deutschland, fiel frostig aus. Die Leute in dem ausgekühlten Dorf, in dem es keinerlei Heizung gab, nur je eine offene Feuerstelle pro Wohnhaus, reagierten misstrauisch: Was wollten diese beiden hier, noch dazu im Winter, wenn sonst jeder den Ort mied? Handelte es sich um Spione? Die nächstgelegene Polizeistation im sechzig Kilometer entfernten Chur schickte prompt einen Landjäger herauf, um zu prüfen, ob es sich bei den Unbekannten um Kriminelle handelte, die sich in der Gebirgswelt vor dem Gesetz verstecken wollten.

Doch Spengler kümmerte sich um sie, buchte sie zu anständigen Konditionen in einer Pension ein, wo ein zentraler Ofen die Stube warm hielt, sorgte dafür, dass sie Sonne und frische Luft tankten, viel lokales Fleisch aßen und noch mehr Veltlinerwein tranken, dem er eine stärkende Wirkung zuschrieb. Das Wunder geschah: Die Gäste erholten sich, genasen und erkoren Davos prompt zu ihrer neuen

Heimat, aus Angst, dass im Tiefland ihre Krankheit wieder ausbrechen würde. Beide begannen, für den Ort zu werben – der Arzt unter seinen Kollegen überall in Europa, der Buchhändler als Verleger: Er gründete die heute noch existierende *Davoser Zeitung* sowie später die *Davoser Blätter*, ein wöchentlich auf Deutsch, Englisch, Französisch und Russisch erscheinendes Unterhaltungsblatt für Kurgäste.

Der Durchbruch kam dann in Gestalt eines niederländischen Bankiers aus London und seiner 20-jährigen, an Tuberkulose erkrankten Frau. Obgleich ihr nicht mehr geholfen werden konnte, da sie sich bei Ankunft bereits im Spätstadium befand, glaubte Willem Jan Holsboer an die Heilkraft des Bergdorfes. Nach dem Tod seiner Gattin blieb er vor Ort, vermählte sich mit einer Bauerntochter und investierte in Davos, errichtete eine professionelle Kuranstalt, in der Spengler selbst die ärztliche Leitung übernahm. Mit seinen guten Kontakten zur Basler Finanzwelt engagierte sich der umtriebige Holländer nun für die Erweiterung des Schienennetzes – Voraussetzung für eine steigende Gästeschar. Unter abenteuerlichen Bedingungen ließ er Gleise im Gebirge verlegen, Tunnels sprengen, märchenhafte Viadukte errichten. Heute gehört diese 1890 eröffnete Bahnstrecke zum Unesco-

Weltkulturerbe – und bringt noch immer die Menschen in kaum mehr als zwei Stunden von Zürich an den abgelegenen Ort. Doch Holsboer setzte nicht nur auf Prestigeprojekte. Er kümmerte sich auch um weniger sichtbare Infrastruktur, ließ eine Kanalisation bauen, ein Stromnetz errichten, organisierte die Schneeräumung im Winter und »Staubfreimachung« der nun Promenade genannten Dorfstraße im Sommer.

Vor allem aber betrieben Holsboer und sein neuer Freund Spengler weiterhin kräftig Fiktionsbildung und schafften es über Annoncen und Artikel in Fachzeitschriften und tonangebenden Medien überall in Europa, dem verschlafenen Bergnest einen Namen zu verleihen, es zum Sehnsuchtsort zu stilisieren. Auch ein Buch veröffentlichte Spengler: »Die Landschaft Davos als Kurort gegen Lungenschwindsucht«. Darin beschrieb er forsch, wie schnell sich vor Ort bei entsprechender Ernährung Genesung einstellen konnte – vorausgesetzt, die Krankheit war noch nicht im hoffnungslosen Endstadium.

Der Gesundheitstourismus nahm an Fahrt auf. Verzweifelte, dem Tod ins Auge blickende Patienten strömten herbei, auch wenn wissenschaftliche Studien über eine heilende Wirkung des Höhenklimas fehlten. Nicht einmal eine Statistik existierte, alles blieb Behauptung. Dass es irgendwie gesund war, sich in den Bergen aufzuhalten, schien zwar glaubhaft, aber verschwand dadurch die Tuberkulose, diese furchtbare Krankheit, der schon Abermillionen zum Opfer gefallen waren? Als Spengler auf wachsenden Druck hin Zahlen veröffentlichte, waren diese wenig überzeugend: In den Jahren 1865 bis 1867 starb im Schnitt ein Siebtel aller Patienten in Davos, nur ein Fünftel wurde als geheilt entlassen. Der Rest blieb in Behandlung.

Die enttäuschenden Ergebnisse verwundern nicht, waren die Heilmethoden doch kaum mehr als *Trial and Error*. Kranke wurden sogar in Kuhställen aufgebettet, wo sie Ammoniak einatmeten, das durch die Exkremente der Tiere entstand und gesund sein sollte, weil es den Auswurf anregte. Später stellte sich dies als verhängnisvoller Irrtum heraus, da das ätzende Gas zu Ödemen in den Bronchien und der weiteren Zerstörung der Atemwege führt. Gesünder waren da schon »Butter, Käse, Fleisch, Speck« aus dem Dorf, die den Patienten im Überfluss bereitgestellt wurden, um die Körperkräfte zu stärken. Die Davoser Milch enthielt angeblich mehr Vitamine als Flachlandmilch, da hier bessere Futterkräuter zur Verfügung standen, weshalb jeder Kranke animiert wurde, täglich ein bis zwei Liter davon zu trinken. Rohen Kefir, Trendgetränk in Wellnesshotels noch heute, schluckten die Gäste ebenfalls nicht zu knapp. Auch der »edle Veltlinerwein« wurde in immer größeren Mengen als heilsam kredenzt und während des Winters über die tief verschneiten Pässe unter Lebensgefahr herbeigeschafft.

Der angeblich heilsame Hedonismus passte in die Zeit: Es war dies das Europa des Imperialismus, der Belle Époque mit ihrem wirtschaftlichen, wissenschaftlichen und kulturellen Aufschwung, angeführt von einem selbstbewussten Bürgertum, einer Lebensweise, die auf Fortschrittsglauben basierte und auf den Boulevards der Metropolen ihren Ausdruck fand. Der frisch eingeweihte Eiffelturm setzte die Leute in Verzückung, die chemische und pharmazeutische Industrie expandierte, neue Fabriken entstanden, große Stahlwerke sorgten für den Wohlstand ganzer Landstriche. Die Lebenserwartung stieg: eine optimistische Zeit der wachsenden Städte, einer gesellschaftlichen Sorglosigkeit. Auch Kriege gab es nach der Auseinandersetzung zwischen Deutschland und Frankreich 1871 zunächst keine mehr, und in der langen Friedensperiode prosperierte Europa. Auch Vergnügungsreisen wurden immer attraktiver. Wenn nur die vermaledeite Tuberkulose nicht gewesen wäre, die einem so böse einen Strich durch die Rechnung machen konnte. Doch dafür gab es jetzt Davos. Dort öffneten schicke Boutiquen und boten Pariser Mode feil, luxuriöse Bälle luden zum Tanz, Galerien stellten aus, eine ständige Theatertruppe inszenierte Shakespeare und Goethe. Einmal pro Woche fand ein Sinfoniekonzert statt, mehrere Kurkapellen unterhielten die internationale Klientel. Leute aus allen Ländern Europas begegneten sich, schlossen Geschäfte ab, verliebten sich. Dutzende von Pensionen und Sanatorien wurden gebaut, Hunderte von Villen und Chalets, die Zahl der Übernachtungen stieg exponentiell an – Boomtown in den Alpen, kein Kindersklavenhändler mehr.

Das neue Mekka der Schwindsüchtigen lautete ab 1878 offiziell das Motto von Davos. Hatten bei der Ankunft Spenglers 25 Jahre zuvor kaum mehr als 1500 Menschen hier gehaust, wuselten mittlerweile 10 000 Besucher und Patienten durch einen globalisierten Ort. Mehrere Konsulate öffneten, ein britisches Viertel mit Kirche, *Art Club* und *English Library* entstand. Holsboer schwamm im Geld und plante seinen Coup: die Schatzalp, das luxuriöseste Sanatorium aller Zeiten, ganz oben auf dem Berg.

Doch schien der Fortschritt, der die Expansion ermöglichte, sie bald auch infrage zu stellen. Als Robert Koch, Begründer der Mikrobiologie, 1882 das Rätsel um die Tuberkulose löste und herausfand,

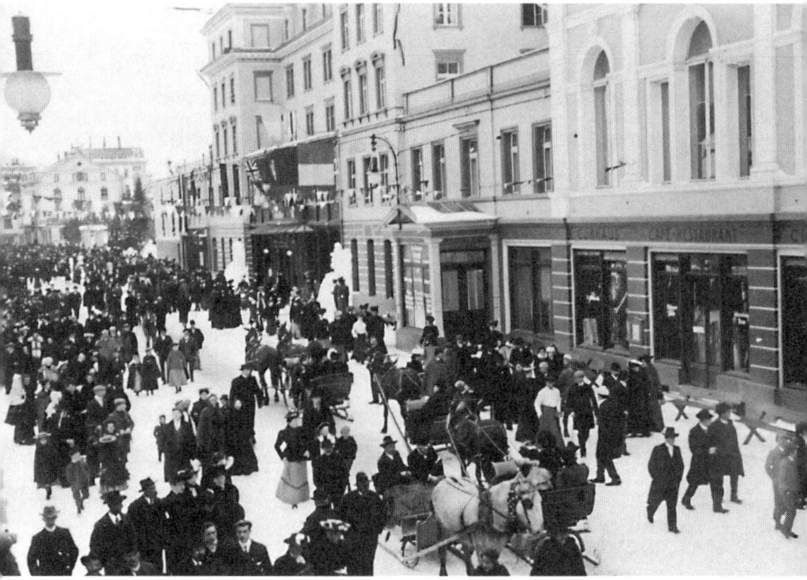

Mekka der Schwindsüchtigen: die Promenade von Davos.

dass ein Bakterium sie verursacht, wandelte sich der Umgang mit der Krankheit. Zuvor wahlweise als schicksalhaftes Verhängnis, Erbkrankheit oder Ernährungsproblem betrachtet, ergab sich nun ein nüchterner, wissenschaftlicher Blick. Schwindsüchtige wurden nicht mehr romantisiert, sondern als Gefahr wahrgenommen und wie Aussätzige behandelt. Ein neues Gespenst ging um in Europa: der Bazillus. Gesunde brachen den Kontakt mit Patienten ab, Infizierte verloren ihren Job. Zwar dauerte es noch, bis das komplexe Wechselspiel zwischen Erreger, menschlichem Körper und Ausbruch verstanden war, doch eines schien klar: Es bestand Ansteckungsgefahr, der begegnet werden musste. Nun wurde sich mit Phänomenen herumgeschlagen, die heute »Durchseuchung« oder »Tröpfcheninfektion« heißen, und Theorien aufgestellt über mögliche Gefährdungen durch in Staub eingetrocknete Tuberkelbakterien. Eine kollektive Angst griff um sich. Manche Gemeinden in den Bergen, wie St. Moritz, fürchteten, dass auch sie von Bazillenschleudern angesteuert werden könnten, und schotteten sich ab: »Keine Kranken!«

Davos mit seinen vollen Bars und Kaffeehäusern wurde zum Hotspot; niemand hustete in die Armbeuge, alle gaben sich die Hand, viele küssten sich. Dass es sich keineswegs mehr um einen immunen

Ort handelte, wurde augenscheinlich. Pensionsbesitzer steckten sich an ihren Gästen an, die Infektionsketten schlängelten sich die Promenade entlang. Nutzte das Höhenklima etwa doch nichts? In einem launigen Versuch infizierte ein Mitarbeiter von Robert Koch zwölf Meerschweinchen mit Tuberkulose, sechs davon kamen nach Davos, die anderen blieben in Berlin. Alle starben zur gleichen Zeit.

Statt zum Ort der Heilung wurde das Landwassertal für viele zum Schauplatz eines qualvollen Todes: Fortan ließ die Kommune den Abtransport der Leichen nachts durchführen, in geschlossenen Kutschen. 25 Prozent der Besucher verstarben mittlerweile, und bei den schwer krank Angereisten waren es sogar 80 Prozent. Der Friedhof musste erweitert und ein Krematorium errichtet werden, nach Zürich das zweite der Schweiz, da viele Angehörige ihre Toten eingeäschert in der Eisenbahn mit nach Hause nehmen wollten.

Auch die angeblichen Klimavorteile wurden angezweifelt: Ein Mediziner veröffentlichte 1886 in einem Schweizer Ärzteblatt, Davos sei wegen heftiger lokaler Winde und Schattenarmut als Aufenthaltsort für Kranke überhaupt nicht geeignet. Der Kurarzt eines auf ähnlicher Höhe gelegenen Nachbarortes blies ins gleiche Horn: »Tuberkuloseverdächtige bekommen hier bald unangenehme Rückfälle; sie begreifen nicht, dass sie die Luft nicht vertragen können und wollen's daher noch eine Zeit lang probieren, anstatt sofort wieder abzureisen.« Ohnehin stand es um die Luft nicht mehr so gut: Der Rauch des Krematoriums und der Lokomotiven, der mit Kohle betriebenen Heizungen der vielen neuen Pensionen verpestete die Atmosphäre der windstillen Gegend, die der britische Historiker John Addington Symonds als »einen schlecht dränierten, überfüllten, mit Gas beleuchteten Sammelplatz einer kosmopolitischen Krankheit« beschrieb.

Doch die Davoser gaben nicht auf. In einer Welt, die sich in Arm oder Reich unterteilte, waren sie nach ihren Anfangserfolgen und den hohen Investitionen entschlossen, zu den Letzteren zu gehören. Der Verkehrsverein gründete ein später sogenanntes »Propagandabüro« mit einem simplen Ziel: »Klare und ausgesprochene Propagierung des Hochgebirges (Kurortes Davos) als heute immer noch sicherstes und am schnellsten wirkendes Mittel gegen alle Formen der Tuberkulose«. Unterstützt wurden die Anstrengungen von den lokalen Medien, die das Infektionsrisiko als *fake news* darstellten und von einer »eingebildeten Gefahr« titelten.

In dieser prekären Periode reiste 1888 ein 33-jähriger Arzt aus Karlsruhe mit dem klingenden Namen Dr. Karl Turban an. Ebenfalls an Tuberkulose erkrankt, schockierten ihn die Zustände vor Ort: »Fiebernde und Blutspuckende wurden auf Bergspaziergänge geschickt. Bei den regelmäßigen Bierkonzerten im Kurhause sangen die Kehlkopfkranken die Kommerslieder nach Kräften mit; bei Festlichkeiten in den Hotels tanzten schwerkranke Herren und Damen in betrunkenem Zustande die damals üblichen bewegten Tänze – und Ärzte schauten zu.« Die Verordnung, jeden Tag mindestens einen halben Liter Veltliner zu trinken, hatte eine Art internationale Säufergemeinschaft und Partyszene kreiert, die sich um Infektionsrisiken wenig scherte, dafür aber bis zum Abwinken feierte. Auch »Cognac in hohen Dosen« wurde konsumiert, das vorgeschriebene Alkoholpensum bereits zum Frühstück verköstigt, im Laufe des Tages fröhlich nachbestellt. Der Promenadenweg hieß inoffiziell Promilleweg.

Diesem bunten Treiben der »Lustbarkeiten in den Kurhotels« machte Turban mit seinem Konzept des »geschlossenen Sanatoriums« ein Ende, indem er Abstandsregeln und strikte Hygienevorschriften einführte: Kranke mussten in Quarantäne, und in seinem neu errichteten »Sanatorium

Dr. Turban« in »sonnigster, windgeschützter Lage« wurde die sogenannte »Liegekur« Pflicht: Um das Wachstum der Tuberkel zu mindern, sie einzuschläfern, ihren Tanz zu stoppen, hatten seine Patienten zweieinhalb Stunden nach dem Frühstück, zweieinhalb Stunden nach dem Mittagessen und anderthalb Stunden nach dem Abendessen im Freien auf Liegestühlen zu verbringen, egal bei welchem Wetter. Eine Glocke gab den Rhythmus vor, und während des Liegens galt alles Ablenkende als tabu, inklusive Lesen, Schreiben oder gar Plaudern. Nur mit ihrer Krankheit sollten die Patienten sich beschäftigen, eisern Innenschau treiben. Der lungenversehrte Schriftsteller Heinrich Schaumberger, der zu den ersten Turban-Schützlingen gehörte, beschrieb die Effekte dieser alpinen Form der Meditation so: »Das schwere körperliche Leiden, gegen das man so heldenhaft ankämpft, im Verein mit der aufgezwungenen Zurückgezogenheit, die zur Selbstbetrachtung und Selbstzucht drängt, [vertieft] das Seelenleben in nie geahnter Weise.«

Turban überwachte das Einhalten der »Stillen Liege« persönlich, war in der eigens dafür errichteten, zum Tal hin offenen Liegehalle stets anwesend. Wer einen Mucks tat, wurde verwarnt und bei der zweiten Verwarnung entlassen, ohne Chance, von einer anderen Heilstätte aufgenommen zu werden.

»Wo sanfte Gewöhnung nicht hilft, muß der Zwang, der rückhaltlose Tadel, der Ausschluß von der weiteren Behandlung eintreten«, hieß es in Turbans Anweisungen. Auch dem unkontrollierten Ausspucken – einem fürchterlichen Drang der Kranken, um zerstörtes Lungengewebe loszuwerden – schob Turban den Riegel vor und stattete alle Patienten mit seiner »wichtigen Erfindung des Taschenspucknapfes« aus, führte eine »strenge Spuckdisziplin und Spucknapfdesinfektion« ein, um die »Quellen, aus denen der Infektionsstoff fließt«, zu verschließen. Täglich wurden die in allen Räumen entweder auf dem Fußboden aufgestellten oder auf Brusthöhe an den Wänden angebrachten Spucknäpfe aus Porzellan, Glas oder emailliertem Eisen mit einer ätzenden, aus Steinkohleteer gewonnenen Karbollösung gereinigt, deren durchdringender, unangenehmer Geruch die Heilanstalt durchzog.

Mit seiner rigiden Vorgehensweise setzte Turban den Trend weit über Davos und auch weit über den medizinischen Bereich hinaus. Seine Idee des Sanatoriums, die dem Gedanken der Pandemiebekämpfung unterstand, geriet zum Impulsgeber für modernes Bauen und Wohnen überhaupt. Um eine möglichst lange Sonneneinstrahlung zu gewährleisten, wurden beispielsweise vorstehende Giebel durch das moderne Flachdach ersetzt, das bald das Erscheinungsbild nicht nur dieser Kommune prägte. Die romantische Idee vom Haus mit Spitzdach verlor gegen eine Ästhetik, die an Fabriken erinnerte und die Unterbringung von Menschen formal löste. Auch die Innengestaltung folgte hygienischen Kriterien, war funktional orientiert: schmucklose Möbel, glatte Oberflächen bei Wänden, Decken, Türen und Fenstern, keine Teppiche, keine Vorhänge, nur abnehmbare Polster und alles abwaschbar. Jeglicher Schnörkel, worin sich tuberkelbelasteter Staub absetzen könnte, war tabu. Eine Zeitenwende vollzog sich, und das 19. Jahrhundert wurde auch optisch abgelöst. Die Moderne erhielt entscheidende Impulse ausgerechnet aus dem vormals unscheinbaren Bergkaff, das in der Pandemiebekämpfung eine Vorreiterrolle einnahm.

Immer mehr Heilstätten folgten Turbans Beispiel, verwandelten sich zu geschlossenen Sanatorien, lösten die alteingesessenen, von Einzelpersonen oder Familien geführten Pensionen und Villen ab, die den »offenen Kurort« geprägt hatten. In diesen sich breitmachenden, aufwendigen Etablissements wohnten Patienten nicht nur, sondern wurden komplett verpflegt und medizinisch betreut. Die Vollpension, Spenglers alte Idee, wurde noch üppiger, um der durch die Schwindsucht ausgelösten Appetitlosigkeit entgegenzuwirken, dem buchstäblichen *Entschwinden* des Kranken. Statt abzumagern, sollte, wie es im *Zauberberg* heißt, »Eiweiß angesetzt« werden, auch wenn Gäste sich beschwerten, wie der Dichter Christian Morgenstern, der von »unerwünschten Mahlzeiten« sprach. Bald wurden die Gäste regelrecht gemästet, dem »Stopfen von Gänsen« vergleichbar. Die kostspielige Rundumversorgung wurde Programm und diente als Vorbild für spätere Tourismuskonzepte.

Indem die architektonisch so neuartigen Gesundheitsburgen an allen Fronten abschöpften, entwickelten sie sich zu ausgemachten Geldmaschinen, hinter denen bald Aktiengesellschaften standen. Mediziner wie Turban mutierten zu Geschäftsleuten – die Zeiten, in denen ein Landarzt Spengler 50 Franken pro Monat erhalten hatte, waren Geschichte. Immer mehr galten die Herren Doktoren als die uneingeschränkten Herrscher des Ortes, ihre Porträtfotografien gab es an jeder Ecke für drei Franken das Stück. Während der obligatorischen Liegezeiten glitten die Chefärzte in schlanken Schlitten über die schneebedeckte Promenade, sorgfältig in Heidschnuckenpelze gehüllt, Schals vor dem Mund, prüften, ob die Wege vorschriftsgemäß leer waren, und wer dennoch flanierte, verschwand schnell in Läden oder Konfiserien, um sich zu verstecken. Mit diesen Koryphäen war nicht zu spaßen, sie nahmen ihre Aufgaben ernst, schließlich waren sie dafür verantwortlich, den Patientennachschub zu sichern, um die Investoren zufriedenzustellen.

Von großem Vorteil war, dass die Schwindsucht so überaus langsam heilte – wenn überhaupt. Wer einmal in der Mausefalle dieser Gesundheitsversorgung saß, kam so leicht nicht wieder heraus. Betraf dies zunächst nur den Winter, wurde die Saison, um die hohen laufenden Kosten zu decken, bald auf das ganze Jahr gestreckt: »Früher hätten im Sommer nur die Treusten der Treuen in diesem Tale ausgeharrt«, heißt es im *Zauberberg*, in dem der Chefarzt eine Lösung für diesen »unerfreulichen Missstand« präsentiert und die Lehre aufstellt, »dass die sommerliche Kur nicht nur nicht weniger empfehlenswert, sondern sogar besonders wirksam und geradezu unentbehrlich sei. Und er habe dies Theorem unter die Leute zu bringen gewusst, habe populäre Artikel darüber verfasst und sie in der Presse lanciert. Seitdem gehe das Geschäft im Sommer so flott wie im Winter.«

Die Verlängerung der Kurzeiten machte endlose Aufenthalte möglich und erhöhte die Auslastung der Privatsanatorien so, dass sie rentabel wurden. Turban, der von sich behauptete, der Einzige zu sein, der die Pandemie in den Griff bekam, behandelte nur jene, die seine erheblichen Raten von bis zu 20 Franken pro Tag bezahlen konnten, ein Wert von etwa 250 Franken heute. Bald galt er im Ort als Halbgott in Weiß, der über Leben oder Tod entschied: der unangefochtene, allwissende »Tuberkulosepapst«.

Die Erfindung des Skifahrens

Der wunderliche kleine Ort, der sein Aufblühen einer Fiktion verdankte, zog immer mehr illustre Gäste an – unter ihnen auch solche, die selbst Fiktionen kreierten. Der an Tuberkulose erkrankte schottische Schriftsteller Robert Louis Stevenson wurde von seiner Frau nach Davos begleitet und schrieb dort seinen berühmten Abenteuerroman *Die Schatzinsel* zu Ende.

Auch der Sherlock-Holmes-Schöpfer Sir Arthur Conan Doyle war im Landwassertal zu Gast. Er reiste ebenfalls mit schwindsüchtiger Gattin an, und während sie in der Liegekur verharrte, erkundete er die Berge und popularisierte neben seinem Meisterdetektiv nun auch den Skisport. Diese Fortbewegungsart auf zwei Brettern kannte damals so gut wie niemand auf der Welt; angeblich existierten in den gesamten Alpen weniger als fünf Paar Ski. Ganz andere Sportarten wurden ausgeübt, das sogenannte Hornussen beispielsweise, ein Mannschaftsspiel, das es seit dem 17. Jahrhundert gab, oder das Schwingen, das Schlagballspiel Mazza, das Steinstoßen.

Dies alles änderte Doyle, als er 1894 mit zwei Einheimischen, den Brüdern Branger, eine waghalsige Tour auf Brettern von Davos ins zwölf Kilometer Luftlinie entfernte Arosa unternahm – und im einflussreichen Londoner Magazin *Strand* inspiriert darüber schrieb. Bei der britischen Oberschicht, wo exklusiver Sport auch heute noch zum guten Ton gehört, löste sein Bericht über die unbekannte neue Fortbewegungsart ein gewaltiges Echo aus: »Es gibt nichts besonders Bösartiges am Aussehen eines Paares ›Ski‹«, beginnt die humoristische Reportage, die ihn zum Urvater einer der beliebtesten modernen Sportarten machen sollte: »Es sind zwei Stöcke Ulmenholz, zweieinhalb Meter lang, mit einer quadratischen Ferse, umgedrehten Zehen und Riemen in der Mitte, um die Füße zu sichern. Niemand würde erahnen, welche Möglichkeiten in ihnen stecken. Aber du ziehst sie an, drehst dich lächelnd um, um dich zu vergewissern, ob deine Freunde dich gebührend bestaunen, im nächsten Moment bohrst du bereits deinen Kopf

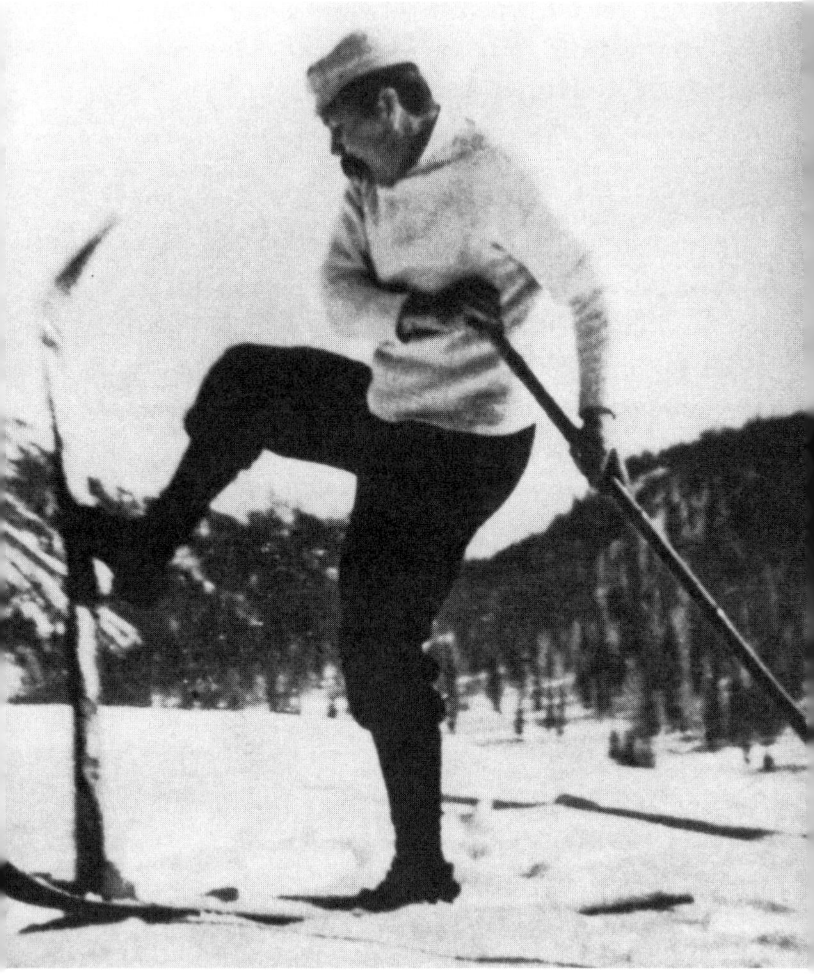

Machte Sherlock Holmes und das Skifahren populär: unkonventionelle Wendemanöver bei Wintersportpionier Sir Arthur Conan Doyle.

in eine Schneewehe, und alle finden dich unterhaltender als je zuvor.« Seine von Stürzen begleitete Talfahrt in Knickerbockern beschreibt Doyle so: »Mein Schneider sagt mir, dass Harris-Tweed sich nicht abnutzen kann. Das ist eine bloße Theorie und hält einem gründlichen wissenschaftlichen Test nicht stand. Vom Furkapass bis nach Arosa gibt es nun Proben dieses Stoffes überall zu bestaunen.« So ironisch der Ton seiner Reportage, so weitreichend sein Fazit: »Man wird feststellen, dass das ›Skifahren‹ ein Feld des Sports eröffnet, das meiner Meinung nach einzigartig ist. Noch wird dies nicht geschätzt, aber ich bin überzeugt, dass die Zeit kommen wird, in der Hunderte (...) in die Schweiz reisen werden, um ›Ski‹ zu fahren.«

Dass es einmal Hunderte von Millionen sein würden, hätte den innovativen Schriftsteller wahrscheinlich dennoch überrascht. Und dass auch einmal so wunderbare, neugierige Kreaturen wie Suki, Lana und Lone zu den Skistöcken greifen, vielleicht auch. Nur Tweed-Knickerbocker tragen sie keine, dafür knallbunte Thermohosen.

DRITTES KAPITEL

»Davos ist ein Schwindel.«
Hedwig Pringsheim,
Schwiegermutter von Thomas Mann

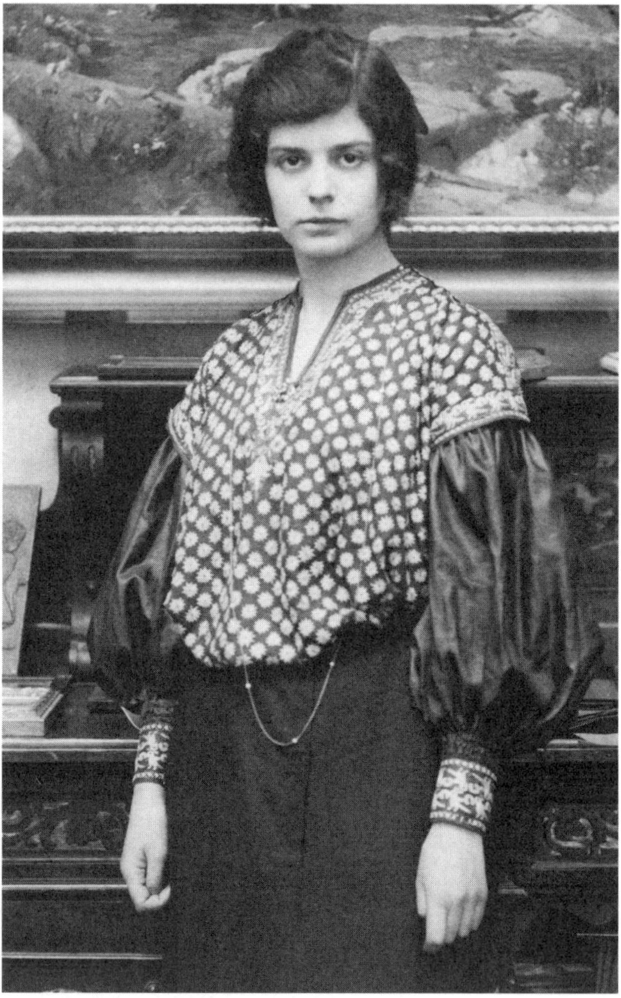

Frisch und gut aussehend, noch:
die junge Katia Mann am Tage ihrer Verlobung.

Katias Burn-out

Um die Ehe der Manns stand es schlecht im Jahre 1911. Die 28-jährige Katia, hochbegabte und einzige Tochter aus wohlhabendem jüdischem Münchner Haus, die zehn Jahre zuvor als eine der ersten Frauen der bayrischen Hauptstadt das Abitur abgelegt hatte, war körperlich am Ende. Vier Kinder hatte sie schon auf die Welt gebracht: Erika, Klaus, Golo und Monika, dazu noch zwei Abtreibungen. Zur Vielgebärenden war die einst so Gutaussehende mutiert, und ob ihr acht Jahre älterer Gatte sie noch begehrte, wusste sie längst nicht mehr, dafür von seinen erotischen Vorlieben, die der Schriftsteller als »sexuell invertiert« bezeichnete, ein anderes Wort für homosexuell. Ein Tagebucheintrag von Thomas wirft ein Schlaglicht: »Abendspaziergang mit Katia, die mich sehr liebt und der ich unendlich dankbar bin.« Auch seine Zöglinge bereiteten ihm nicht nur Glück: »Setzt man Kinder in die Welt, so schafft man auch noch Leiden außer sich, objektive Leiden, die man nicht selber fühlt, sondern nur fühlen sieht, und an denen man sich schuldig fühlt.« Eine intakte Familie sieht anders aus.

Auch literarisch lief es nicht optimal. Noch war Thomas Mann nicht der Großschriftsteller, als der er sich stets sah. Eine gute Dekade lag sein Roman *Buddenbrooks* zurück; bis dato waren knapp 50 000 Exemplare über den Ladentisch gegangen – beileibe kein Flop, aber auch kein Riesenerfolg. Die 1903 erschienene Novelle *Tonio Kröger* hatte bei Kritikern noch seinen Ruf gefestigt, aber sein 1909 publizierter zweiter Roman *Königliche Hoheit* verkaufte sich zwar gut, die Reaktion des Feuilletons fiel jedoch verhalten aus. Thomas Mann selbst kam dies Buch »zuweilen so neu und schön (vor), daß ich in mich hineinlache – und zuweilen so läppisch, daß ich mich auf die Chaiselongue setze und zu sterben glaube«. Die meisten seiner Erzählungen, wie das burleske *Luischen,* das mit antisemitischen Klischees versetzte *Der Wille zum Glück,* Novellen wie *Tobias Mindernickel* oder das plauderhafte *Der Weg zum Friedhof* hatten keinen Anklang gefunden und waren in Vergessenheit geraten. Katia Mann musste sich fragen, ob sich die literarische Schaffenskraft ihres Gatten langsam erschöpfte und all ihre Aufopferung, das Aufgeben eines eigenen Lebensentwurfes, für die Katz gewesen war.

Was der Schriftsteller dringend benötigte, war etwas Ikonisches, ein herausragender Roman – etwas, das blieb.

Im Herbst 1911 zog sich die abgemagerte Katia eine Bronchitis zu, die es ihr ermöglichte, vor ihren Verpflichtungen als Gattin eines vermeintlichen Genies für eine Zeit ins Krankenbett zu flüchten, eine Auszeit zu nehmen von ihren Pflichten im stetig wachsenden Haushalt. Als ein Urlaub im Grand Hotel Waldhaus in Sils Maria sie von ihrer »kleinen Lungenaffektion« noch immer nicht kurierte, beschloss sie, eine längere Pause einzulegen. Möglicherweise war ihr Leiden psychosomatisch. »Ich war nicht schwer krank«, heißt es in ihren Memoiren: »Es bestand keine Lebensgefahr, und möglicherweise wäre die Geschichte, wären wir nicht zu Sanatoriumsaufenthalten in der Lage gewesen, von selbst wieder gut geworden, was weiß man.« Da es sich als Ehefrau und Mutter von vier Kindern nicht schickte, alleine in den Urlaub zu fahren, bot sich Davos als legitimer Ausweg an: Erholung durch temporäre Abwesenheit von einer Ehe, die immer mehr zu einer Interessengemeinschaft zur Förderung des Schriftstellers Thomas Mann geworden war.

Den Drill bei Dr. Turban umging die im März 1912 ins Hochgebirge reisende Katia. Ein anderes

Haus bot sich an: Der Cello spielende Professor Dr. Friedrich Jessen fungierte, wie es in der Reklame hieß, als »dirigierender Arzt« des mondänen Waldsanatoriums, eines neu eröffneten Luxusetablissements für 60 Patienten, alle Zimmer mit Südlage und Balkon, »günstigste Besonnung – höchster Komfort – höchste Hygiene«, Quellwasser lief warm und kalt aus den Hähnen, Telefonanschluss. Keine preußisch anmutende Glocke schrillte wie bei Turban, sondern Lichtsignale wiesen dezent auf den Beginn der Fünf-Gänge-Mahlzeiten hin. Dazu wurde nicht mit roher Milch aufgewartet, sondern mit Champagner und erlesenen Weinen.

Auch die Liegekur, die auf Privatbalkonen stattfand, hielt Jessen lockerer als Turban. Nicht nur war Lesen und Schreiben erlaubt, auch konnten sich die Patienten gegenseitig besuchen, ohne dass jemand dies mitbekam. Um bei Bedarf gemeinsam der Sonne zu frönen, so leicht bekleidet wie möglich, damit die heilsamen Strahlen an die Haut gelangen, wurde diskret die Abkürzung um die Trennwände der Loggien herum genommen. »Nichts anderes mehr im Kopf als die Temperatur unter seiner Zunge und den Flirt«, hieß es später im *Zauberberg*. Bei legerem Umgangston traf sich im Waldsanatorium die Hautevolee Europas, und an windstillen Nachmittagen mischten sich lustvolles Stöhnen und verzweifeltes Husten über dem Tal – eine Art Balzhotel für Reiche. Dass auch Katia im Waldsanatorium flirtete, mit einem »jungen Marineoffizier« nämlich, der eine »verehrungsvolle Beziehung« zu ihr knüpfte, ist belegt. Für Chefarzt Jessen war der Aufenthalt der wohlsituierten Patientin ein Geschenk des Himmels. Mit solchen Gästen würde er seine Investoren glücklich machen, jene »unsichtbaren Mächte«, die »über und hinter ihm standen«: Aufsichtsrat und Aktiengesellschaft, die eine »saftige Dividende unter ihre Mitglieder verteilen« wollten.

Doch was geschah während des Besuches von Thomas Mann bei seiner Frau, das ihn inspirierte, über diese Luxusvariante der Pandemiebekämpfung zu schreiben? Wir wissen es nicht, denn wir waren nicht dabei. Doch so wie der Schriftsteller seine Erlebnisse vor Ort in Fiktion verwandelte, kann aus ebendieser sowie aus späteren Bemerkungen von ihm wie Katia auf die wahren Begebenheiten rückgeschlossen werden: »Wenn Sie das Kapitel am Anfang des *Zauberbergs* lesen (…), so haben Sie eine ziemlich genaue Beschreibung unseres Wiedersehens in dieser Sphäre und meiner eigenen wunderlichen Eindrücke von damals«, erläuterte er Jahre später vor Studierenden der Princeton University.

Was also steht am Beginn des *Zauberbergs*, und

ist es möglich, wie Mann behauptete, seine Schilderungen autobiografisch zu lesen, sie also für eine Szene seiner Ankunft in Davos auszuschlachten?

Ich lag auf der Loggia und las im *Zauberberg*-Roman, und wie ich dies tat, bot sich mir eine Art Zaubertrick an: Ich konnte Strecke machen mit meinem eigenen Buch, Seiten herunterreißen, indem ich unverfroren bei Mann *paraphrasierte,* legitimiert durch seine eigenen Aussagen, mich dadurch den wahren Begebenheiten seiner Visite in den Alpen zu nähern.

Anreise – Remix

Es war bei starkem Föhn und fast Neumond, als der Autor am 15. Mai 1912 Davos erreichte. Anders als seine spätere Hauptfigur Hans Castorp reiste er nicht aus Hamburg, sondern aus München an, sechs Stunden mit dem Zug. Anstatt bei seiner Frau zu übernachten, stieg er in der benachbarten »Villa am Stein« ab, wo auch Robert Louis Stevenson gewohnt hatte und angeblich Sir Arthur Conan Doyle. Gleich nach Ankunft schaute er sich das Waldsanatorium an, wo ihm Katia ihren Raum mit der Nummer 206 präsentierte.

Da es bereits dämmerte, hatte Katia das Deckenlicht eingeschaltet, und »in seiner zitternden Klarheit zeigte das Zimmer sich heiter und friedlich, mit seinen weißen, praktischen Möbeln, seinen ebenfalls weißen, starken, waschbaren Tapeten, seinem reinlichen Linoleum-Fußbodenbelag und den leinenen Vorhängen, die in modernem Geschmacke einfach und lustig bestickt waren. Die Balkontür stand offen; der Himmel war klar, man gewahrte die Lichter des Tals und vernahm eine entfernte Tanzmusik«. Die gute Katia hatte »einige Blumen in eine kleine Vase auf der Kommode gestellt, etwas Schafgarbe und ein paar Glockenblumen«, von ihr selbst gepflückt.

»Was für ein nettes Zimmer«, stellte Thomas zufrieden fest. »Hier lässt sich doch gut und gern ein paar Monate hausen.« Er richtete Grüße aus, erzählte das Neuste von den Kindern und merkte an, dass er »zweihundert Stück von Maria Mancini im Koffer habe«, seiner Lieblingszigarre – bei einem geplanten Aufenthalt von vier Wochen immerhin sieben Stück pro Tag. Gleich auch, um nicht ins Hintertreffen zu geraten, entnahm er seinem ledernen, mit silbernem Monogramm geschmückten Etui ein Exemplar der obersten Lage, an einer Seite abgeplattet, wie er es besonders liebte, kupierte die Spitze mit einem kleinen, eckig schneidenden Instrument, das er an der Uhrkette trug, ließ seinen

Taschenzündapparat aufflammen und setzte die ziemlich lange, vorn stumpfe Zigarre mit einigen hingebungsvoll paffenden Zügen in Brand – erst mal eine qualmen im Lungensanatorium.

Im Speisesaal

Der Saal mit dem italienischen Terrazzoboden lag rechts der Halle, den Konversationsräumen gegenüber. Es war darin hell, elegant und gemütlich, mit großen Spiegeln, die den Raum noch weiter wirken ließen – wie alles im Hause so gestaltet schien, dass es nach etwas mehr anmutete, als es war. Das Paar nahm den erhöhten Tisch am Fenster, den hübschesten Platz. An dem cremefarbenen Vorhang saßen sie einander gegenüber, die Gesichter beglüht vom Schein des rot umhüllten, elektrischen Tischlämpchens. Thomas faltete seine frisch gewaschenen Hände und rieb sie behaglich-erwartungsvoll aneinander, wie er es zu tun pflegte, wenn er sich zu Tische setzte. Ein freundliches, gaumig sprechendes Mädchen in einem schwarzen Kleid bediente sie. »Man nennt die Kellnerinnen hier Saaltöchter«, sagte Katia, was ihn erheiterte. Sie bestellten eine Flasche Gruaud-Larose, einen teuren Bordeaux, den Thomas, nachdem die Saaltochter ihn gebracht hatte, noch einmal zurückschickte, um ihn besser temperieren zu lassen. Als Vorspeise gab es Spargelsuppe.

»Vorzüglich. Warum nimmst du so wenig?«

»Ich habe die Küche mittlerweile satt«, antwortete Katia. »Das haben wir alle hier oben. Es ist Brauch, auf das Essen zu schimpfen; denn wenn man hier ewig und drei Tage sitzt …«

Dafür trank sie mit Vergnügen, ja mit einer gewissen Hingebung, und verlieh unter Vermeidung allzu gefühlvoller Wendungen wiederholt ihrer Genugtuung Ausdruck, dass endlich jemand da sei, mit dem sie ein vernünftiges Wort reden könne. »Ja, es ist brillant, dass du gekommen bist!«, wiederholte sie, und ihre gemächliche Stimme klang bewegt. »Ich kann wohl sagen, es ist für mich geradezu ein Ereignis. Das ist doch einmal eine Abwechslung – ein Einschnitt, eine Gliederung in dem ewigen, grenzenlosen Einerlei …«

»Aber die Zeit muss euch eigentlich schnell hier vergehen«, meinte Thomas und nahm von den gefüllten Tomaten, die mit dem Braten gereicht wurden.

»Schnell und langsam«, entgegnete Katia. »Sie vergeht überhaupt nicht, will ich dir sagen, es ist gar keine Zeit, und es ist auch kein Leben – nein, das ist es nicht.« Wieder griff sie zum Glas.

Auch Thomas trank reichlich, obgleich sein Gesicht wie Feuer brannte. Am Körper hingegen war ihm kalt, da die Zentralheizung des Hauses saisonbedingt ausgeschaltet blieb, und eine besondere, freudige und doch etwas quälende Unruhe kribbelte ihm in den Gliedern. Seine Worte überhasteten sich, als er die Süßspeise zum Nachtisch verzehrte, er versprach sich des Öfteren und ging mit einer wegwerfenden Handbewegung darüber hin. Katia war auch in belebter Stimmung, und umso freier und aufgeräumter ging ihr Gespräch. Bei der abschließenden Käseplatte gestikulierten sie bereits mit den Gabeln, machten, einen Bissen in der Backe, wichtige Mienen, lachten, nickten, hoben die Schultern und hatten noch nicht ordentlich hinuntergeschluckt, als sie schon weitersprachen. Katia wollte vor allem von München hören, doch Thomas, der außer der Eröffnung der Hofgartencafés kaum etwas zu berichten wusste, verlangte, dass sie ihm von dem Leben »hier oben« und von den Gästen erzähle, was auch bereitwillig geschah, da Katia froh war, sich erleichtern und mitteilen zu können.

»Am allerhöchsten liegt das Sanatorium Schatzalp«, sagte sie und nahm von der Obstschale. »Die müssen im Winter ihre Leichen per Bobschlitten herunterbefördern, weil dann die Wege nicht fahrbar sind.«

»Ihre Leichen? Ach so! Na, höre mal!«, rief Thomas und geriet in ein heftiges, unbezwingbares Lachen, das seine Brust erschütterte und sein Gesicht zu einer leise schmerzenden Grimasse verzog. »Auf dem Bobschlitten? Und das erzählst du mir so in aller Gemütsruhe hier beim Dessert? Du bist ja ganz zynisch geworden in diesen zwei Monaten!«

»Gar nicht zynisch«, antwortete Katia achselzuckend. »Wieso denn? Das ist den Leichen doch einerlei … Übrigens kann es wohl schon sein, dass man zynisch wird hier bei uns. Chefarzt Jessen ist auch so ein alter Zyniker – ein famoses Huhn nebenbei, alter Korpsstudent und glänzender Operateur, wie es scheint, er wird dir gefallen. Ja, da sitzen wir nun und lachen, und dabei ist gar nicht abzusehen, wann ich hier wegkomme, denn wenn Jessen sagt: noch ein halbes Jahr, dann ist es knapp gerechnet, man muss sich auf mehr gefasst machen.«

»Gute Güte, ein halbes Jahr?!«

Die echte Clawdia

Ob sich die Begegnung zwischen Katia und Thomas wirklich so zugetragen hat, bleibt Spekulation – oder in diesem Falle: Fiktion. Fakt immerhin ist, dass während dieses oder eines der sich anschließenden Abendessen eine Frau den Speisesaal betrat, die Mann interessierte – und die später im *Zauberberg*-Roman ihren Niederschlag finden würde: eine russische Patientin, die die Tür des Saals vernehmlich hinter sich zuschlug und als Clawdia Chauchat zum unerfüllt bleibenden *love interest* von Hauptfigur Hans Castorp wurde. Ob es wohl tatsächlich eine echte Clawdia Chauchat gegeben hatte?

Meine Neugierde war geweckt: Während Suki und Lana am nächsten Morgen die Skischule besuchten, stattete ich der Dokumentationsbibliothek Davos einen Besuch ab und ließ mir die Gästeliste des Waldsanatoriums für jenes Jahr 1912 vorlegen. In den *Davoser Blättern* waren damals sämtliche Besucher der wichtigen Heilstätten veröffentlicht worden. Datenschutz schien offenbar nicht so das Problem; vielmehr boten diese Aufstellungen begehrten Lesestoff, Tratschfutter. Würde ich eine allein reisende Russin entdecken? Für die zweite Maiwoche 1912 war unter Waldsanatorium eine »Frau Thomas Mann« eingetragen, das Fehlen des Vornamens Katia war wohl ebenso den patriarchalischen Gepflogenheiten geschuldet wie der Berühmtheit des Schriftstellers. Doch vor allem fiel mir ein weiterer Name auf: *»Madame Marie Cheicina, Moskau«*. Hatte ich sie entdeckt?! War es nicht naheliegend, dass es diese Cheicina war, die zur ähnlich klingenden Chauchat wurde?

Während ich darüber nachdachte, kam mir Emma in den Sinn, meine eigene unerfüllte Liebe, und nun dachte ich an Suki: Vielleicht hatte mein Töchterchen recht, und es war wirklich an der Zeit, dieses Gespenst zu verjagen, hier am Berg, um nicht eben so wie Hans Castorp ewig lang etwas nachzuhängen, was sich dann doch nie erfüllte.

Ich bedankte mich bei der Bibliothekarin und stapfte durch den Schnee in Richtung Schatzalp zurück.

Liegekur und Untersuchung – Remix

Nach mehreren Tagen regnerischen Wetters mit Temperatursturz bis unter den Gefrierpunkt brach am 18. Mai 1912 endlich die Sonne durch, sodass Katia auf ihrer Liege den Kopf mit einem weißleinenen Schirm schützte, der vermittelst einer Vorrichtung an der Armlehne des Stuhles zu befestigen und dem Stand der Sonne nach zu verstellen war. »Eine tolle Erfindung«, lobte Thomas, der an der Brüstung stand, die Ellenbogen darauf gelehnt, und in den Garten hinabschaute, wo einige Patienten lustwandelten, und ihm war, als schaue er in seinen eigenen, Formen annehmenden Roman hinein.

»Leg dich doch ebenfalls ein wenig hin«, schlug Katia vor, und auch wenn er sich zunächst zierte, nutzte er das Angebot des zweiten, aus rotbraun poliertem Holz gefertigten Liegestuhls und bettete sich auf die Matratze mit ihrem weichen, kattunartigen Überzug, der aus drei hohen Polstern bestand und vom Fußende bis über die Rückenlehne hinaus reichte. Sogleich musste auch er den Gesichtsschirm aufspannen; der Sonnenbrand wurde unerträglich.

»Man liegt ganz ungewöhnlich bequem«, stellte er mit Vergnügen fest. »Ich erinnere mich nicht, dass mir je ein so angenehmer Liegestuhl vorgekommen ist. Vor allem die Nackenrolle ist von besonders wohltuender Wirkung. Weder ist sie zu fest noch zu nachgiebig.« Er stützte einen Arm auf die breite, glatte Fläche der Seitenlehne, blinzelte und ruhte. Durch die Bögen der Loggia gesehen wirkte die harte und karge, aber hell besonnte Landschaft gemäldeartig und wie eingerahmt. Wie ein Bild von Kirchner vielleicht, dem wichtigsten deutschen Maler des zwanzigsten Jahrhunderts, der 1917 nach Davos zog. Plötzlich fiel Thomas etwas ein, und er machte sich eine Notiz. »Erzähl mir noch ein bisschen«, sagte er dann.

Tatsächlich hatte sich der Schriftsteller für die Plaudereien seiner Katia nie so interessiert wie jetzt. Die Anekdoten, die sie zum Besten gab, die kuriosen Persönlichkeiten, die sie im Speisesaal und zu anderen Gelegenheiten angetroffen hatte: für ihn pures Gold. Hier erhielt er Einblick in ungewöhnliche, der Außenwelt verborgene Vorgänge, die ihm exemplarisch erschienen und die er nur leicht fiktionalisieren musste. Wir haben »endlos geschwätzt«, erinnerte sich Katia später: »Ich war doch schon monatelang dort und legte los, erzählte hundert Sachen. (...) Dann habe ich ihm die verschiedenen Typen gezeigt; ich hatte sie ihm auch geschildert. Er hat sie dann bloß mit Veränderung der Namen verwendet.« Auf solche Weise angeregt, vergingen die Tage für Thomas Mann ebenso im Flug wie die Anfangswochen für seine Hauptfigur Hans Castorp. Brav hielt er mit seiner Gattin die Liegekur ein, und Charaktere wie Plot verdichteten sich. Immer mehr verliebte er sich in die Geschichte, wurde hineingezogen in diese so bizarre, so bunte wie tragische Welt.

Da nur *ein* Pelzsack auf der Loggia zur Verfügung stand und er diesen bei den kühleren Temperaturen der letzten Maiwoche und den heftigen Regenfällen ritterlich seiner Gattin überließ, erkältete sich der Autor: »Ich befand mich etwa zehn

Tage dort oben, als ich mir bei feuchtem und kaltem Wetter auf dem Balkon einen lästigen Katarrh der oberen Luftwege zuzog. Da zwei Spezialisten im Hause waren, der Chef und sein Assistent, lag nichts näher, als der Ordnung und Sicherheit halber meine Bronchien untersuchen zu lassen.« Neugierig auf die Visite, da er vielleicht auch diese verwerten konnte, schloss er sich Katia an, »die gerade zur Untersuchung befohlen worden war«.

»Herein!«, rief Professor Jessen, ein knochiger, hochgewachsener Mann mit weißen Haaren und blauen Backen. Er stand in seinem makellosen Chirurgenrock mitten im Raum, in der Rechten das schwarze Hörrohr, mit dem er sich gegen den Schenkel klopfte, dabei betrachtete er mit seinen großen, vorquellenden und blutunterlaufenen Augen, in denen Tränen schwammen, die Ankommenden. Zunächst begrüßte er die Dame: »Na, und Sie haben schön geschlafen, Frau Mann?« Dann, ohne eine Antwort abzuwarten, ihren Gatten: »So, da sind Sie also auch. Na, freut mich.« Beiden gab er die Hand, die groß war wie eine Schaufel. Am Schreibtisch vor dem Fenster saß sein Assistent, in der einen Hand die Feder, die andere im Bart, vor sich Papiere, wahrscheinlich Krankenakten.

»Haben Sie die Fieberkurve für mich?«, wandte sich Jessen an Katia und nahm den mitgebrachten

Hefter aus ihrer Hand, um ihn durchzusehen. »Und Sie«, kurz blickte er zu ihrem Gatten, »machen sich derweil gürtelaufwärts nackig, damit ich Sie beklopfen kann.«

Thomas beeilte sich, seinen Oberkörper frei zu machen und die abgelegten Kleidungsstücke an den neben der Tür befindlichen Garderobenständer zu hängen. Dabei überhastete er sich, fand nicht gleich aus seinem punktierten Manschettenhemd heraus, ließ sich auf einem altmodischen kleinen Fauteuil mit Troddeln an den Armlehnen nieder und sah sich unauffällig um. Bücherschränke mit breitrückigen medizinischen Werken und Aktenfaszikeln standen gegen die Wände. An Möbeln war sonst nur eine mit weißem Wachstuch überzogene, höher und niedriger zu kurbelnde Chaiselongue vorhanden, über deren Kopfpolster eine Papierserviette gebreitet war.

»Komma 7, Komma 9, Komma 8«, stellte Jessen fest, die Wochenkarten durchblätternd, in die Katia die Ergebnisse ihrer täglichen fünf Temperaturmessungen eingetragen hatte. »Immer noch ein bisschen illuminiert, liebe Frau Mann, können nicht gerade behaupten, dass Sie seit neulich solider geworden sind.«

»Neulich?«, fragte sie zurück. »Das war vor vier Wochen gewesen.«

»Nicht entgiftet, nicht entgiftet«, entgegnete der Chefarzt kopfschüttelnd. »Na, das geht natürlich nicht so von heute auf morgen, hexen können wir auch nicht.«

»Von heute auf morgen, davon kann ja auch nicht die Rede sein«, schaltete Thomas sich ein. »Meine Frau ist ja keineswegs erst seit gestern hier oben.«

Langsam drehte Jessen sich zu dem Sitzenden hin. »Gut, ich merke, Sie sind ungeduldig, das ist im Übrigen eine Krankheit des flachen Landes. Na, kommen Sie her! Wollen mal höflich bei Ihnen anklopfen«, sagte er, fasste den Schriftsteller mit seiner riesigen Hand am Oberarm und betrachtete ihn scharf. »Hm«, sagte er. »Na, wollen mal sehen, wie Sie sich anspielen.«

Zuerst klopfte Chefarzt Dr. Jessen, breitbeinig dastehend und rückwärts geneigt, oben an die Schulter, klopfte aus dem Handgelenk, indem er sich des gewaltigen Mittelfingers seiner Rechten als Hammer bediente und die Linke zur Stütze gebrauchte. Dann ging er unter das Schulterblatt hinab und klopfte seitlich am mittleren und unteren Rücken, worauf Thomas Mann brav den Arm hob, um auch unter der Achsel klopfen zu lassen. Hierauf wiederholte das Ganze sich linkerseits, und damit fertig, kommandierte Jessen: »Kehrt!« – zur

Beklopfung der Brust. Er klopfte unter dem Hals beim Schlüsselbein, klopfte über und unter Herzhöhe, zuerst rechts und dann links, und kehrte zu verschiedenen Stellen mehrmals zurück. Längere Zeit klopfte er abwechselnd und zu Vergleichszwecken links oben beim Schlüsselbein und etwas weiter unten. »Hören Sie?«, fragte er seinen Assistenten, und dieser, fünf Schritte entfernt am Schreibtisch, bekundete durch eine Kopfneigung, dass er höre.

Als der Arzt genügend geklopft hatte, ging er zum Horchen über, indem er sein Hörrohr, das Ohr an der Muschel, erst auf die Brust, dann auf den Rücken setzte – überallhin, wo er geklopft hatte. »Tief atmen. Husten!«, kommandierte er, das Rohr in Habachtstellung. Abwechselnd musste sein Patient nun stark atmen und künstlich husten, über mehrere Minuten hinweg, was ihn anstrengte, und in seine Augen traten Tränen. Jessen sprach währenddessen kein Wort, setzte das Hörrohr nur dahin und dorthin und horchte, meldete alles, was er vernahm, dem Assistenten: »Kurz«, »verkürzt«, »vesikulär« – und abermals: »Vesikulär.«

»Was bedeutet das?«, fragte Thomas, etwas außer Atem.

»Rau«, sagte Jessen zu seinem Assistenten und schnitt ein Gesicht. »Sehr rau. Geräusch.« Er schob das Hörrohr unter seinen Arm, legte die Hände auf den Rücken und blickte auf den Linoleumboden nieder.

»Ja, Herr Mann«, sagte er, »die Sache verhält sich so praeter-propter, wie ich sie mir schon gedacht hatte, schon seit ich zuerst die unverdiente Auszeichnung hatte, Sie kennenzulernen – und ziemlich sicher vermutete, dass Sie im Stillen ein Hiesiger wären und das auch noch einsehen würden, wie schon so mancher, der zum Spaß hier heraufkam und sich umsah und eines Tages erfuhr, dass er gut täte – und nicht bloß ›gut täte‹, bitte mich wohl zu verstehen –, hier eine etwas ausgiebigere Station zu machen. Hören Sie den Unterschied?« Der Chefarzt klopfte abwechselnd links oben an der Brust und etwas weiter unten.

»Da klingt es etwas dumpfer«, bestätigte der Schriftsteller.

»Schön, Herr Mann. Ich will nun mal mehrere goldene Worte sprechen. Wenn es weiter nichts wäre mit Ihnen, verstehen Sie, und es bei den Dämpfungen und Narben an Ihrem Äolusschlauch da drinnen und mit den kalkigen Fremdkörpern darin sein Bewenden hätte, so würde ich Sie besten Gewissens entlassen. Wie aber die Dinge liegen und weiterhin noch der Befund ist, und wo Sie nun einmal hier bei uns sind – so lohnt es die Heimreise nicht. In Kurzem müssten Sie doch wieder antreten.«

Thomas stand ohne Regung, um seinen Mund zuckte es sonderbar, und deutlich konnte Katia sein Herz gegen die Rippen pulsieren sehen. Er blickte zu ihr hinüber und dann wieder in des Chefarztes Gesicht mit den blauen Backen, den blutunterlaufenen Quellaugen und dem einseitig geschürzten Schnurrbärtchen.

»Also die Luft hier bei uns«, fuhr Jessen fort, »die ist gut gegen die Krankheit, meinen Sie, nicht wahr? Und das ist auch so. Aber sie ist auch gut für die Krankheit, verstehen Sie mich, sie fördert sie erst einmal, sie revolutioniert den Körper, sie bringt die latente Krankheit zum Ausbruch, und so ein Ausbruch, nichts für ungut, ist Ihr Katarrh. Das sage ich Ihnen gleich, ein Fall wie Ihrer heilt nicht von heute bis übermorgen, Reklameerfolge und Wunderkuren sind dabei nicht aufzuweisen. Sie täten sehr gut daran, ein halbes Jahr mit Ihrer Frau zusammen hierzubleiben. Denken Sie einmal darüber nach.«

Damit schloss Chefarzt Dr. Jessen die Unterredung und setzte sich an den Schreibtisch, um als Mann von vielen Geschäften die Pause bis zur nächsten Untersuchung mit schriftlicher Arbeit auszufüllen. Der Assistent aber erhob sich von seinem Platz, schritt auf das Ehepaar zu, lächelte kernig, sodass in seinem Barte die gelblichen Zähne sichtbar wurden. So schüttelte er beiden zum Abschied die Hand.

Flucht

Zurück in Katias Zimmer, kontaktierte Thomas seinen Münchner Hausarzt. »Ich kenne Sie doch ganz genau«, entgegnete dieser: »Sie wären der Erste, der bei einer Untersuchung in Davos *nicht* irgendeine Stelle gehabt hätte. Kommen Sie nur gleich zurück. Sie haben in Davos gar nichts zu suchen.«

Auch Katias Mutter schien die Fragwürdigkeit der Davoser Diagnostik erkannt zu haben. Scharfzüngig kommentierte sie: »Selbstverständlich ist es gesund und bekömmlich, täglich sechs Stunden im Freien in der köstlichen Luft auf einem Liegestuhl zu verbringen, fünf Mahlzeiten, viel Milch, keine Sorgen und Dienstmädchen, in absoluter Ruhe.« Dafür brauche aber »kein weiser Medizinmann vom Himmel zu steigen«, das könne man auch im familieneigenen Landhaus in Bad Tölz erreichen, und zwar viel günstiger – wenn ihre Tochter dort einmal Ruhe hätte und sich Thomas ausnahmsweise um den Haushalt kümmerte. Den Sanatoriumsärzten traute die Schwiegermutter des Schriftstellers jedenfalls nicht über den Weg: Auch Katias Zwillingsbruder hatten die lokalen Doktoren versucht, eine Tuberkulose »in die Lunge zu schwätzen, wie jedem, der so unvorsichtig ist, sich hier in Davos untersuchen zu lassen«.

Als Thomas Mann am 12. Juni 1912 nach München zurückkehrte, schrieb er zunächst seine Novelle *Der Tod in Venedig* zu Ende, machte sich aber bereits Notizen zum *Zauberberg*. Die Erinnerungen waren noch frisch, und weiteres Futter kam ständig hinzu, denn Katias »muntere Briefe« trudelten in hoher Frequenz ein. Ihre Beobachtungsgabe stand der seinen nicht nach, und motiviert durch sein großes Interesse an dem Stoff, sammelte sie alles für ihn: Gesichter, Geschichten, Tratsch, Handlungsorte: »Ich habe meinem Mann absichtlich kleine Details geschrieben, weil ich wusste, dass er an dem Buch arbeitete. (…) In den Briefen, die alle verloren sind, standen viele Einzelheiten. Es wäre für Germanisten ein gefundenes Fressen, diese Briefe mit dem *Zauberberg* zu vergleichen.«

Niemals zuvor oder später geriet ihre Mitarbeit an einem Text von ihm so intensiv – und so wertvoll. Obgleich Thomas Mann am eigenen Leib erfahren hatte, wie sehr die Diagnostik der vor allem an Finanziellem interessierten Ärzte infrage zu stel-

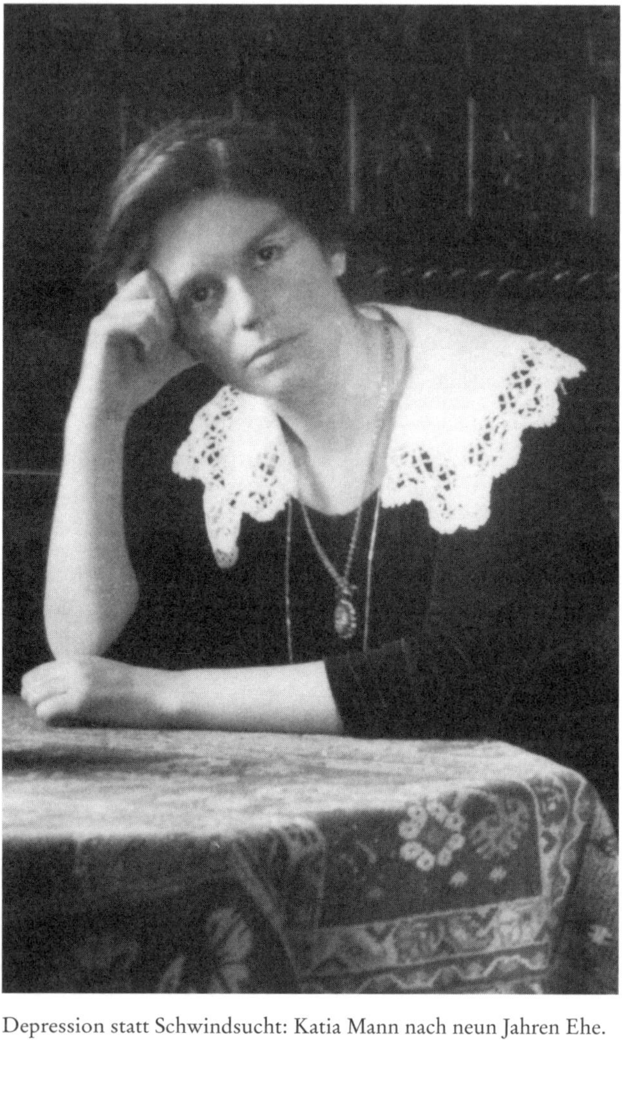

Depression statt Schwindsucht: Katia Mann nach neun Jahren Ehe.

len war, tat er nichts, um seine Frau aus den Fängen des Waldsanatoriums zu befreien. War für ihn entscheidend, dass sie *lange* dortblieb, um möglichst viel zu berichten? Literaturproduktion stand in der Familie Mann im Vordergrund: Ein halbes Jahr lang betrieb Katia Recherche, viel anderes hatte sie auch nicht zu tun, riskierte dabei ihre Gesundheit, da ständigem Infektionsrisiko ausgesetzt. Thomas Mann baute indessen das Material, das sie ihm lieferte, zum Roman aus, seinem dritten, während das Hausmädchen die Kinder versorgte.

Die Hilfe Katias, deren Burn-out für ihn zum Glücksfall wurde, stellte er in der Öffentlichkeit nie gebührend dar. In seinem viel beachteten Princeton-Vortrag zum *Zauberberg* verschweigt er ihre Mitarbeit komplett, berichtet vielmehr, wie er begann, »den *Zauberberg* zu schreiben, worin ich die Eindrücke verwertete, die ich in kurzen drei Wochen dort oben empfing und die hinreichten«.

Ob er sich persönlich bei seiner Frau bedankt hat, zeigen die Quellen nicht. Fakt ist: Es sollte nicht der letzte Kuraufenthalt von Katia bleiben. Auch in den Folgejahren verschwand sie häufiger, um Abstand von ihrem Begleiterinnenleben zu gewinnen. Davos hatte ihr gezeigt, wie sie ausbrechen konnte. Dabei scheute sie sich auch nicht mehr, ihrem Gatten gegenüber deutlich zu werden: »Ich habe hier soviel Zeit zum Nachdenken, und da denke ich doch manchmal, daß ich mein Leben nicht ganz richtig eingestellt habe, und daß es nicht gut war, es so ausschließlich auf Dich und die Kinder zu stellen.«

Dass Katia tatsächlich keine Lungenprobleme hatte, kam ein halbes Jahrhundert später heraus, als ein Professor Dr. Christian Virchow ihre damaligen Röntgenbilder untersuchte und feststellte, dass keine krankhaften Veränderungen der Atemwege vorlagen. Die Erfindung der Tuberkulose bei Katia Mann durch einen geschäftstüchtigen Doktor trug somit dazu bei, dass eine der großen Erfindungen der Weltliteratur entstand.

You Only Live Once

Ich befand mich noch immer in meiner selbst verordneten Liegekur und las amüsiert die Stelle, an der Hans Castorp von seinem Cousin Joachim das professionelle Falten der Kamelhaardecke für die Davoser Liegestühle erlernt, als Suki hereinkam.

»Was lachst du, Papa?«

»Über das Buch«, sagte ich. »Es ist an manchen Stellen so unfassbar gut geschrieben.«

»Freut mich«, sagte Suki. »Ich hasse den *Zauber-*

berg jetzt schon. Ich hab nämlich gehört, nächstes Jahr müssen wir den in Deutsch machen.«

»Dann weißt du wenigstens, wo er spielt!«, rief ich enthusiastisch.

»Einfach nur *boring*«, entgegnete Suki. »Die Arroganz des alten weißen Mannes.«

Wieder musste ich lachen, jetzt über sie. »Soll ich dir was daraus vorlesen?«

»Warum würde ich mir das antun?«

»Was liest *du* denn zurzeit?«

»*Vom Ende der Einsamkeit.* Das ist richtig gut.«

»Na wunderbar«, sagte ich. »Wie war's in der Skischule?«

»Fake it till you make it«, antwortete Suki. »Aber ich bin fast schon so gut wie Lana! Und die ist ja früher schon ein paarmal mit Lewi gefahren.«

»Und die anderen in eurer Gruppe?«

»So ein paar Chinesinnen sind da und zwei stinkreiche Araberinnen, die raffen gar nix und kichern die ganze Zeit. Superpeinlich, wie schlecht die sind. Sag mal, Papsi, darf ich dich was fragen?«

»Na klar.«

»Also, ich dachte, ich hab mir überlegt, du bittest Elizabetha um eine Flasche Wein, so zum Schreiben, für dich …«

Verwundert sah ich sie an. »Ich soll für euch lügen und Alkohol abstauben?«

»Na ja«, lächelte sie. »Also … kannst du?«

»K. A.«, sagte ich, was, glaube ich, die Abkürzung für *Keine Ahnung* ist. »Eine Flasche Wein zu dritt, da seid ihr ja völlig betrunken.«

»Wir stretchen's über zwei Tage!«, rief Suki. »Jeden Abend ein Glas, mehr ist das nicht. *Yolo,* Pappa, *yolo*!«

»Ach, Suki«, seufzte ich und blickte in das Buch zurück. »Ich lese jetzt noch ein bisschen, dann überlege ich.«

Der Zauberberg, ein Roman

Zunächst als Novelle und Gegenstück zum kurzen *Tod in Venedig* geplant, wucherte *Der Zauberberg* immer mehr aus. Es war etwas eingetreten, das Thomas Mann die »häufig den Schriftsteller ereilende Unterschätzung« eines Projektes nannte: »Bei der Konzeption erscheint eine Arbeit in harmlosem, einfachem und praktischem Licht. Sie scheint keine große Mühe und Ausführung zu erfordern.« Doch dann entwickele das Werk seinen eigenen Sog und Ehrgeiz. Das Wort von Goethe »Dass du nicht enden kannst, das macht dich groß«, sei sein Lieblingszitat während der Arbeit gewesen. Geschlagene zwölf Jahre laborierte er am *Zauber-*

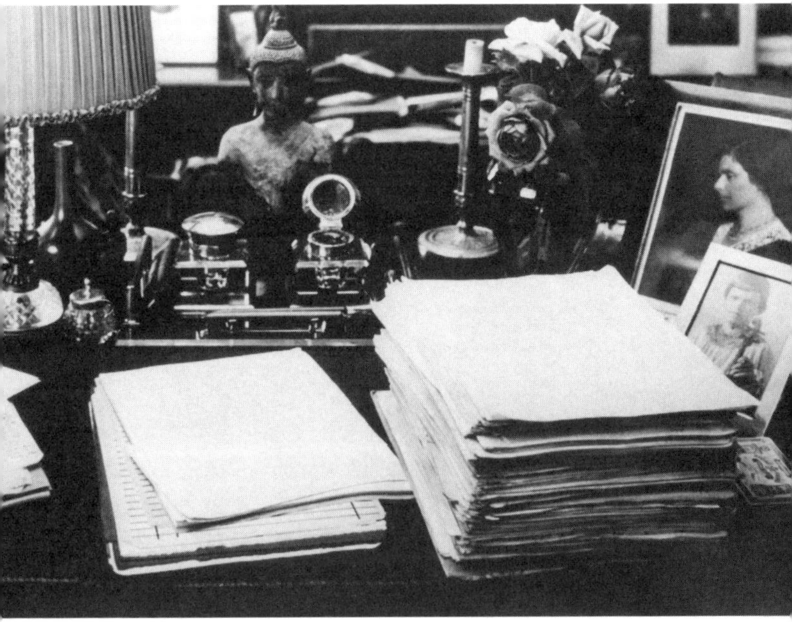

Papierberg *Zauberberg:* das verschollene Originalmanuskript.

berg herum, ein ganzer Weltkrieg ging darüber ins Land. Erst Ende September 1924, wenige Wochen vor der Veröffentlichung, setzte der Schriftsteller sein leicht gestelztes Schlusswort *»Finis Operis«* darunter, und der Verlag lieferte den Koloss, von dem aus Kostengründen große Teile bereits gedruckt waren, zweibändig aus.

Die ersten Kritiker reagierten ratlos. Zwar schlug dem 1200-seitigen Wurf aufgrund des Umfangs eine Art Ehrfurcht entgegen, die skurrilen Charaktere wurden gelobt, das Sanatoriumsumfeld, das ein Bild des untergegangenen, kranken Vorkriegseuropas abgab, bot Gesprächsstoff. Auch das Sterben in einem System, das auf Profitmaximierung basiert, bei dem es mehr um das Wohlergehen der Gesundheitsindustrie als um das der Patienten geht, wurde diskutiert. Dennoch fanden namhafte Feuilletonisten keinen rechten Zugang, exemplarisch die ambivalente bis ablehnende Beurteilung der *Frankfurter Zeitung:* »In der kalten Eisluft schriftstellerischer Meistertechnik laufen die Personen auf ihren Geleisen. (…) Aber es ist kein Roman, der Leben schildert. (…) Daher kann dieses riesige Erziehungsbuch trotz seiner Geistesfülle zu unserer inneren Führung keinen Beitrag leisten.«

Auch das Nobelpreiskomitee bekundete seine Schwierigkeiten. Der Roman *Buddenbrooks* hatte den Schriftsteller bereits früher in die engere Auswahl gebracht, doch wollten die Schweden damals abwarten, was als Nächstes kommen würde. Nun lag er vor, der dritte Roman, und die Begeisterung in Stockholm hielt sich in Grenzen. Der eingesetzte Gutachter charakterisierte den *Zauberberg* als ein »in mehrfacher Hinsicht bemerkenswertes Werk mit bedeutendem Inhalt, aber unter ästhetischen Gesichtspunkten zu weitschweifig und zu schwerfällig, um zu Manns besten Schöpfungen gerechnet zu werden«. Die literarische Produktion Thomas Manns sei »uneinheitlich«, dennoch dürfe diese aber »als hinreichend angesehen werden, um einen Nobelpreis für ihn zu rechtfertigen«. *Der Zauberberg,* so lautete die bissige Kritik von anderer Seite, sei »nichts anderes als eine Novelle, die über alle Grenzen hinaus schwillt« und damit »eine Verschwendung intellektueller Energie, die spezifisch deutsch ist. (…) Mit tiefem Mitleid denkt man an den, der sich eventuell der Aufgabe unterzieht, den *Zauberberg* zu übersetzen.«

So nickten die Komiteemitglieder »mit mehr oder weniger Wärme« Thomas Mann als Preisträger ab, und zwar »unter der Voraussetzung, dass die Auszeichnung sich auf seine früheren Werke beziehen soll«. Im Protokoll ließ einer der Entscheider festhalten, dass sein Votum »voller Zweifel« sei, da bereits achtundzwanzig Jahre vergangen waren, »seit Manns hervorragendstes Werk, *Buddenbrooks,* herauskam«. Die neueste Arbeit des Autors schien ihm nicht geeignet, »dessen Tauglichkeit für einen Nobelpreis zu stärken« – eine, wie ein späteres Akademiemitglied es beschrieb, »sensationelle Abstrafung« ausgerechnet jenes Buches, das sein Autor von all seinen Werken am meisten schätzte.

Doch wie liest das Epos sich heute? Wie erging es mir damit auf der Loggia der Schatzalp? Ist *Der Zauberberg* ein Kunstwerk, das mit der Zeit besser wird, oder ließ der »historische Edelrost«, mit dem laut Mann die Geschichte überzogen ist, das Material porös werden, sodass es sich über die letzten einhundert Jahre zersetzte? Thomas Mann sortierte sein Buch in die »Welttradition« der »Quester-Legenden« ein, die »weit im Schrifttum der Völker zurückreicht« und deren »berühmteste deutsche Erscheinungsform (…) Goethes *Faust*« darstelle: Es gehe dabei um einen Helden, der es auf der Suche nach dem Heiligen Gral »mit Himmel und Hölle aufnimmt und einen Pakt macht mit dem Geheimnis, mit der Krankheit, dem Bösen, dem Tode, mit der anderen Welt«, nach »Einweihung, nach dem Stein der Weisen, dem aurum potabile, dem Trunk des Lebens« strebe. Dieser Gralssuchende müsse sich, »bevor er den heiligen Berg erreicht, einer Reihe von schrecklichen und geheimnisvollen Proben unterziehen (…), und immer ist die Idee des Wissens, der Erkenntnis verbunden mit der ›other world‹, mit Tod und Nacht«. Wer unter diesem Blickwinkel den *Zauberberg* lese, werde »dann auch finden, was der Gral ist, das Wissen, die Einweihung, jenes Höchste, wonach nicht nur der tumbe Held, sondern das Buch selbst auf der Suche ist«. Auf welchen Seiten die Antwort steht, gibt Thomas Mann praktischerweise an: »Sie werden es namentlich finden in dem ›Schnee‹ betitelten Kapitel.«

Was passiert also dort? Welche Wandlung erlebt unser Held, welche Wahrheit entdeckt er? Ähnlich wie Sir Arthur Conan Doyle, Suki und Lana lernt auch Hans Castorp das Skifahren, geht aber nicht in Begleitung erfahrener Bergleute auf Tour, sondern mutterseelenallein – begibt sich bewusst in Einsamkeit, wie es sich für einen Gralssuchenden gehört. Ebenfalls anders als bei der Doyle-Reportage im *Strand,* die den Skitrend startete, hat die Mann'sche Darstellung vom Abenteuer am Berg nichts Lustiges oder Leichtfüßiges: Schwer fällt der Schnee, umfassend verhüllt er die Welt, und Hans Castorp, der unvorsichtig genug war, die Wettervorhersage zu missachten, verliert ganz existenziell die Orientierung. Im immer dichteren Flockenflug fährt er im Kreis und sucht schließlich, mit seinen Kräften am Ende, an der Rückwand eines Holzverschlages Schutz, irgendwo oben am Berg. Dann geht es los. Als Elixier, das ihn in andere Dimensionen transportiert, nimmt er mehrere Schlucke Portwein zu sich, »dies dilettantische Getränk«, wie Mann treffend schreibt, denn wann hat schon einmal der Alkohol den Menschen näher an die finale Wahrheit geführt? Dennoch zeigt der Drink außergewöhnliche Wirkung: Ausgerechnet jetzt, als der Wind »mit Sensen« auf ihn niedersaust, im Moment der Todesgefahr durch Erfrieren, macht Hans Castorp trotz Eiseskälte ein Nickerchen, hanseatische Schlaftablette, die er nun einmal ist. So absurd dies klingt, so kurios ist der »Traum«, den Mann seinen Protagonisten träumen lässt und der angeblich die Quintessenz des Romans darstellt.

Einen harmlosen Park sieht Castorp, dann das liebliche, wohl mediterrane Meer, eine Bucht, vor der ein paar Inseln liegen mit Palmen darauf, Menschen am Wasser, die angeln, tanzen, sich im Bogenschießen üben und freundschaftlich miteinander umgehen. Ein Idealbild von Zivilisation, Manns Traum einer gleichwohl geordneten wie natürlichen Welt. Als Nächstes entdeckt Castorp einen alten Tempel und spaziert hinein, bis er zur innersten Kammer gelangt. Nun schlägt die Stimmung um, und zwar drastisch: »Zwei graue Weiber, halbnackt, zottelhaarig, mit hängenden Hexenbrüsten und fingerlangen Zitzen, hantierten dort drinnen zwischen flackernden Feuerpfannen aufs Gräßlichste. Über einem Becken zerrissen sie ein kleines Kind, zerrissen es in wilder Stille mit den Händen – Hans Castorp sah zartes blondes Haar mit Blut verschmiert – und verschlangen die Stücke, dass die spröden Knöchlein ihnen im Maule knackten und das Blut von ihren wüsten Lippen troff.« Aufgeschreckt von solchem Horror erwacht Hans Castorp und kommt zu der Konklusion: »Ich weiß alles vom Menschen.« Er rappelt sich auf, die Wolken verziehen sich – es ist nun mal ein Zauberberg –, und seiner Rückkehr zum Sanatorium steht nichts mehr im Weg. »Ich will dem Tode keine Herrschaft einräumen über meine Gedanken«, stellt er als Fazit fest, und: »Die Liebe steht dem Tode entgegen, nur sie, nicht die Vernunft.« Es ist keine bahnbrechende Erkenntnis, und sie verpufft auch schon wieder auf der nächsten Seite, wenn es über Hans Castorp, erneut von der »hochzivilisierten Atmosphäre des ›Berghofs‹ umschmeichelt«, heißt: »Was er geträumt, war im Verbleichen begriffen. Was er gedacht, verstand er schon diesen Abend nicht mehr so recht.«

Exemplarisch offenbart das Schnee-Kapitel demnach die Impotenz der Ratio, die es nicht schafft, uns mitzunehmen auf die andere Seite, wo wahre Veränderung geschieht und das Projekt der Freiheit überleben könnte – obwohl Thomas Mann genau dies anstrebte. Doch er spürte, wie aussichtslos dieses Ziel war, wie leicht die Kultur zur Unkultur, zur Posse verkommt. So vermag der Schriftsteller nur hilflos zu postulieren, dass Liebe das Wichtigste sei, der Gral, doch kann diese Erkenntnis nicht effektiv umgesetzt werden – und verpufft.

Doch es gibt noch einen anderen Grund, wieso das Schnee-Kapitel für den weiteren Handlungsverlauf so wirkungslos bleibt, und dieser hängt möglicherweise mit Thomas Manns Leben zusammen. Stets war er auf der Flucht, vor sich selbst, seiner Homosexualität, den Wünschen seiner Frau, auch den Nöten seiner Kinder. So empfand er beispielsweise die Lebensweise seines ältesten Sohnes Klaus, der das Schwulsein offen zelebrierte, als etwas Bedrohliches. Dieser Argwohn gegen das Ausleben der eigenen Begierden, seine internalisierte Homophobie, veranlasste Thomas Mann sogar dazu, der Beerdigung von Klaus fernzubleiben, dessen Suizid 1949 er als »kränkend, unschön, rücksichts- und verantwortungslos« beschrieb. Liebe benötigt möglicherweise etwas mehr Wagemut.

Dazu passt es dann immerhin, dass er Clawdia

Chauchat leicht resigniert sagen lässt: »Ihr Deutschen mögt die Ordnung mehr als die Freiheit.« Vielleicht ist dies die Quintessenz des *Zauberberg*-Romans.

Schnee von morgen

»Wieso warst du heut nicht Ski fahren, Papsi?«

Ich hatte mich mit Suki für den Sonnenuntergang in der Schatzalp-Bar verabredet, dem ehemaligen Röntgenkabinett, dessen Lichtschirme zur Begutachtung der Radiografien jetzt als Beleuchtungselemente fungierten. Es befand sich kein anderer Gast in der Bar, bis auf den Fremdenführer mit dem Pilzohrring, der vor einem einsamen Bier saß.

»Ich habe ein bisschen gearbeitet«, antwortete ich.

»Im Skiurlaub in Davos?« Erstaunt sah sie mich an. »Muss ich mir Sorgen machen? Burn-out, Papsi, Burn-out!«

»Ich habe die Einsamkeit gesucht, um durch mein Schreiben die Menschen zu trösten«, sagte ich unbeholfen – ich hatte diesen pompösen Satz irgendwo gelesen an diesem Tag, in einem Brief von Thomas Mann vielleicht.

»Mich würde es mehr trösten, wenn du die Flasche Wein organisiert hättest«, sagte Suki und bestellte eine Limonade bei der Kellnerin, die an unser rundes Tischchen trat.

»Wie war's am Berg heute?«, fragte ich und orderte selbst ein Bier.

»Richtig doll verschneit«, antwortete Suki. »Lana und ich sind mal ziemlich weit von den anderen abgekommen und haben's erst gar nicht gemerkt! Bis Hansi uns wieder eingesammelt hat. *Schnee,* sag ich nur: *Schnee!!*«

»Ihr versteht euch gut, Lana und du, oder?«

»Besties! – Aber sag mal, mit *was* hast du dich jetzt genau beschäftigt, anstatt mit Elizabetha, Lone und Lewi Spaß auf der Piste zu haben? Schreibst du ein neues Buch?«

»Könnte sein«, sagte ich.

»Und worum geht's?«

»Vielleicht um Ideen, wie angemessen zu leben ist, mit all den Krisen, Kriegen und so.«

»Bestimmt nicht, indem man nicht mal in den Skiferien die Arbeit für ein paar Tage unterbrechen kann«, sagte Suki. »Wann gehen wir mal zusammen auf Piste?«

»Seid ihr schon gut genug?«

»Übermorgen! Das hat Hansi gesagt. Da können wir mit unseren Eltern los, hat er gemeint.«

»Na dann!«, sagte ich und fügte nach ein paar

Momenten hinzu: »Es geht wohl um die Liebe. In meinem neuen Buch. Zu sich, zur Familie, in der Beziehung.«

»Da bin ich gespannt«, entgegnete Suki. »Mit *Familie* machst du immerhin einen ganz guten Job.« Auffordernd sah sie mich an.

»Mit Emma auch«, sagte ich. »Ich glaub, es entwickelt sich was. In mir. In meiner Haltung zu dem Ganzen. Vertrau mir.«

»Yolo, Papsi«, sagte Suki und hob ihr Glas.

»Was heißt das noch mal genau, *yolo*?« Ich sah sie an.

»Das musst du selbst rausfinden«, antwortete sie: »Weil ich glaub, *darum* geht's wirklich in deinem Buch.«

VIERTES KAPITEL

»Jede Epoche hat die Epidemie,
die sie verdient.«

Karl Kraus

Der Anti-Zauberberg oder: Die schönste Frau Deutschlands

Ich besuchte auch am nächsten Tag nicht das Parsenn-Skigebiet, sondern die Dokumentationsbibliothek, das in einer schmucken Holzvilla untergebrachte kollektive Gedächtnis jenes kleinen Ortes, der so ungewöhnlich stark ausgestrahlt hat und noch immer ausstrahlt. Mich interessierte ein weiterer Autor, der Zeit hier verbracht hatte – und mit dem Phänomen der Liebe anders umgegangen war als Thomas Mann. Ein Mensch, der Davos ebenfalls seinen Stempel aufdrücken konnte, doch im Schatten des späteren Nobelpreisträgers in Vergessenheit geraten war.

Der Schriftsteller mit dem Künstlernamen Klabund – eine programmatische Verdichtung aus *Klabautermann* und *Vagabund* – hieß bürgerlich Alfred Henschke, litt seit dem 16. Lebensjahr an Schwindsucht und hatte eine Kehlkopftuberkulose bereits überstanden, da es einem Arzt gelungen war, die Geschwüre an seinen Stimmbändern zu vernarben. Um sich von seinem aufreibenden Leben in Berlin zu erholen, kam er häufig ins Landwassertal, reiste aber jedes Mal, nachdem sich seine Lunge eine Zeit lang mit frischer Bergluft füllen konnte, in die Metropole zurück, da er deren Treiben für sein Schreiben benötigte. Doch an der Spree ging es ihm wieder an den Kragen: »Ich bin ein Dichter und speie immer Blut«, schrieb er dann – und löste die nächste Fahrkarte in Richtung Schweiz. Für Klabund, den »stets eine Aura der Liebenswürdigkeit« umgab, entpuppte sich die Tuberkulose als jene berüchtigte Drehtürkrankheit: Manchmal ging es besser, und das Dasein schien wieder normal, doch nie war die Genesung vollständig, es gab Rückfälle, und er war wieder am Ausgangspunkt, dem Husten – und dem Blut.

Nicht weniger als sieben Romane hatte der 34-Jährige im Jahr 1924 bereits veröffentlicht, über 2000 Gedichte geschrieben, seine Couplets in den tonangebenden Kabaretts der Weimarer Republik vorgetragen, ostasiatische Lyrik übersetzt, eine Vielzahl an Erzählungen sowie ein halbes Dutzend Theaterstücke verfasst, wovon sein erfolgreichstes, *Der Kreidekreis*, kurz vor der Premiere stand. Während der Kaiserzeit hatte Klabund wegen angeblich obszöner Verse vor Gericht gestanden und 1917 seine Position als damals bekanntester junger Dichter Deutschlands genutzt, Wilhelm II. in einem offenen Brief zum Machtverzicht, der Beendigung des Krieges und zur Demokratisierung des Landes aufzufordern. Auch eine ebenso witzige wie fundierte *Deutsche Literaturgeschichte in einer Stunde* stammte von ihm sowie eine *Weltgeschichte der Literatur in einer Stunde,* später gemeinsam in einem Band herausgegeben, dessen Gesamtauflage über 80 000 betrug – ein rastloser Arbeiter für die Literatur, ohne Rücksicht auf sich selbst oder sein Umfeld.

Klabund galt als Liebling nicht nur der Frauen, sondern auch des Feuilletons, zumal von Alfred Kerr, dem einflussreichsten Kritiker seiner Zeit. Jeder Kulturschaffende in dieser an Kultur so reichen Weimarer Republik kannte Klabund, den bunten Hund, er war mit Gottfried Benn und Hermann Hesse befreundet, den er für ostasiatische Philosophien wie den Taoismus begeisterte, und ein wenig auch mit Bertolt Brecht, dem er den Verlag vermittelte und der zunächst vergeblich mit ihm rivalisierte, dafür umso erfolgreicher mit ihm auf Streifzüge ging: »Einmal sind wir abends in einem Atelier viele Leute«, schrieb Brecht über eine ihrer Eskapaden: »Ich betrinke mich frühzeitig, fülle mich mit Branntwein, Rotwein, Likör, steige zur Decke des Zimmers auf, kann mich nicht mehr an Lieder erinnern. Klabund singt, am Klavier, Soldaten- und Hurenlieder, tanzt, erwehrt sich mühsam der Weiber, die verschossen in ihn sind.« In München traten sie zusammen mit Karl Valentin in der »Roten Zibebe« auf, wobei Brecht Klabunds Fähigkeit zur Stimmenimitation bewunderte, seine Talente als Liedermacher. Dessen Villon-Gesänge inspirierten ihn später zur Ballade der Seeräuberjenny, und Klabunds *Kreidekreis* wurde Anregung, Quelle und Ausgangspunkt für Brechts Theaterstück *Der kaukasische Kreidekreis*.

An Klabund kam keiner vorbei, er galt als einer der wichtigsten deutschen Autoren der frühen Zwanzigerjahre. Sein Pensum galt als legendär. Während Thomas Mann die Schreibarbeit von neun bis zwölf Uhr am Vormittag absolvierte und dabei meist nur eine, mal zwei Seiten erstellte, war Klabund rund um die Uhr aktiv, mit einer Schreibwut, die an Besessenheit grenzte, da er glaubte, »nicht allzu lange am Leben sein zu dürfen«.

Diese empfundene Zeitnot befeuerte den mit Abstand produktivsten Schriftsteller des Expressionismus: In seiner Existenz gab es keine Ruhe- oder Atempausen, ein Werk floss in das nächste, ein Entwurf löste den folgenden ab. In seiner Todgeweihtheit kultivierte er eine Vitalität, einen unbedingten Willen, das Dasein auszukosten bis zum Schluss.

Doch seine Tragik lag genau hierin: *Indem* er so intensiv lebte, verkürzte er seine Existenz, denn um Schonung seiner selbst ging es ihm nie, stets um den literarischen Gedanken, das Weiterentwickeln des Stils und von Themen, das Ausprobieren unterschiedlicher Formen. Seine Krankheit begriff er spirituell: als grundlegende Daseinsweise des organischen Lebens, mit einem so vergänglichen, so verletzlichen Körper. Diese Selbstempfindung setzte er konsequent um, verstand sich als Individuum, das sich ständig überwand, dauernd nach neuen Ufern strebte – ein im klassischen, metaphysischen Sinne zutiefst westlicher *Drive*. So schwebte ihm, ausgehend von der eigenen heiklen Konstitution, auch eine »Literaturgeschichte der Schwindsüchtigen« vor, denn »diese konstitutionelle Krankheit hat die Eigenschaft, die von ihr Befallenen seelisch zu ändern. Sie tragen das Kainsmal der nach innen gewandten Leidenschaft.«

Leben als Leiden, Liebe als Verzehrung, daraus speiste sich Klabunds Literatur, in der er vom »großen und schmerzlich geeinten Volk, dem ewigen großen Volk der Kranken« erzählte. Unablässig sprudelten die Ideen in ihm, und es entsprach nicht seinem Ansatz, sie alle bis zum Ende auszuarbeiten, wie Thomas Mann dies tat, der einmal behauptete, dass nichts bei ihm verloren ginge. Bei Klabund ging programmatisch alles verloren, musste alles sofort raus, nie hielt er inne, überarbeitete kaum, vor allem gab es erste Fassungen. Auf der Autobahn der Schwindsucht brauste er auf der Überholspur ohne Schreiblimit entlang, folgte seinen körperlichen wie künstlerischen Leidenschaften, experimentierte unentwegt, und sein heterogenes, improvisiert wirkendes Gesamtwerk, das stolze acht Bände umfasst, dessen Einzelteilen aber mitunter die finale Form fehlt, ist eine Art *Anti-Zauberberg*. Klabund ging es nicht um die Schöpfung des beeindruckenden literarischen Monoliths, vielmehr verfasste er mehrere, von ihm selbst so bezeichnete »Kleine Romane« wie *Die Krankheit*, 1917 erschienen, just in jener Zeit, in der Thomas Mann an seinem Epos werkelte.

Die Parallelen zwischen *Krankheit* und *Zauberberg* fallen ins Auge: In beiden Texten gibt es eine schöne Russin, die deshalb so begehrt wird, weil sie todkrank und unerreichbar ist, auch wird bei Klabund bereits von einem Protagonisten erzählt, der sieben Jahre in Sanatorien verbringt, genau wie später Hans Castorp. Eine wilde Fastnachtsszene, die an Manns Walpurgisnacht erinnert – beziehungsweise umgekehrt –, kommt ebenfalls vor. Ob Thomas Mann bei ihm abgeschrieben hat, bleibt Spekulation. Dass er, während er sein Buch konzi-

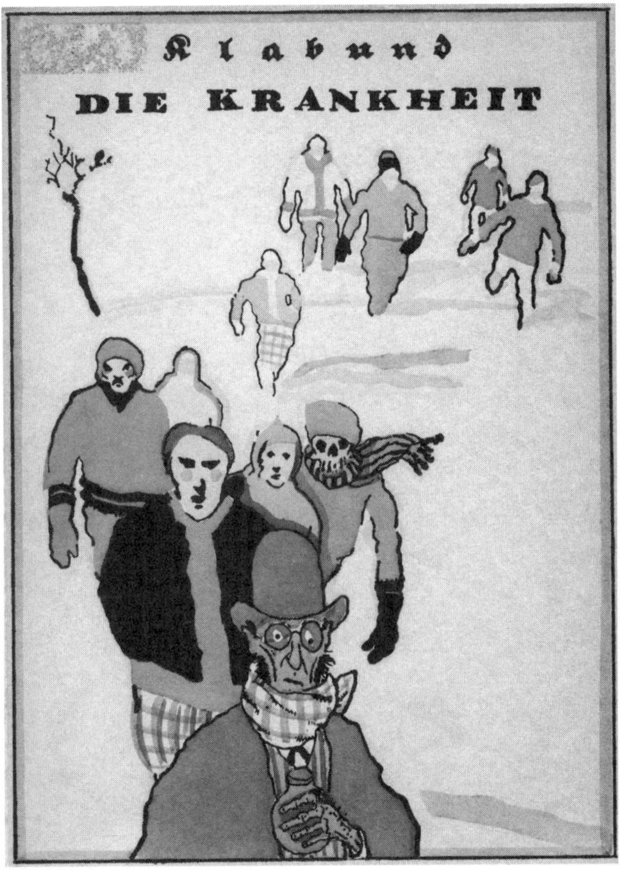

Zauberberg-*Vorbild: Die Krankheit* von Klabund.

pierte, das Werk des Kollegen las, der auch mit seinem Bruder Heinrich befreundet war, ist wahrscheinlich.

»Davos lag in der Abenddämmerung wie eine amerikanische Stadt am Rande der Rocky Mountains … am Rande der Welt … wie improvisiert, zum Abbruch jederzeit bereit, waren die großen Sanatorien und Hotels mit ihren funkelnden Liegehallen da und dort und kreuz und quer im Tal und an den Berglehnen errichtet. Obwohl sie selten über vier Stockwerke zählten, schienen sie mit den himmelauf kletternden Lichtern der Liegehallen Wolkenkratzer.« So beginnt das zweite Kapitel bei Klabund, und da wird schon klar, dass dieser Dichter des Verfalls und der Transzendenz die Sanatoriumskultur nicht wie Mann als etwas Vergangenes erkennt, sie im Gegenteil mit den Wolkenkratzern Amerikas vergleicht, die für Zukunft stehen. Klabund ist in dieser Hinsicht düsterer als Mann: Im Ersten Weltkrieg sieht er keine Zäsur, nach der etwas Neues beginnt, vielmehr eine Kontinuität der Moderne, und wo Thomas Manns Hauptfigur seine vermeintliche Heldenreise im Schnee vollendet, lässt Klabund die Protagonisten mit ihrer Tuberkulose ins Leere und Unerlöste laufen. Sein narrativer Bogen zerfasert, leidet selbst an Schwindsucht – und bleibt gerade deshalb nach all den

Jahrzehnten ebenso verstörend wie beeindruckend. In *Die Krankheit* und seinen weiteren Texten über Davos, jene »Protestversammlung Sterbender gegen den Tod«, wie er den Ort bezeichnete, strebte Klabund nie nach der Perfektion, die Mann umtrieb. Dass er dadurch weniger kommerziell agierte, nahm er in Kauf. Er war kein selbsternannter Zauberer, kein Illusionist, der Tricks anwendet, um die Leser zum Applaus zu bringen, sondern führt das echte Leben und wirkliche Scheitern vor – und ist deshalb unbequemer in der Rezeption.

Was für Klabund Priorität hatte, war Aufrichtigkeit in der Liebe – und über Mangel an solcher konnte er sich nicht beklagen. So lag an diesem eiskalten Morgen des 5. Dezember 1924, den ich durch die Archivalien der Dokumentationsbibliothek nachzeichnen konnte, die von den Feuilletons sogenannte »schönste Frau Deutschlands« in seinem Bett, die 23-jährige Carola Neher – eine Schauspielerin, die Karriere machen würde und die Klabund in der Berliner Straßenbahn kennengelernt hatte. Carola schlief, doch er war bereits aufgestanden, hatte sich als Patient an die Regeln zu halten, *Kur* genannt. Aus Jessens Waldsanatorium war der Dichter wegen »Undiszipliniertheit« geflogen, doch auch in seiner neuen Pension, dem Stolzenfels, die ihn trotz dieses Rauswurfs ausnahmsweise aufgenommen hatte, gab es einen strengen Ablauf, und der begann um sechs Uhr in der Früh mit einem Glas kuhwarmer Milch, einem Spaziergang von einer Stunde, einer Dusche in viereinhalb Grad kaltem Wasser. Trotz dieses drastischen Tagesanfangs gefiel Klabund das Stolzenfels, das sich ebenfalls in »günstigster Sonnenlage« am Hang befand und mit 8,50 Franken pro Tag inklusive Vollverpflegung erschwinglicher war als Jessens Luxusetablissement.

Klabund, mit seinen kalten Tüchern um den Hals gegen das Fieber, fühlte sich schwach an diesem Morgen. Die lange Anreise aus Berlin hatte ihn geschlaucht, die klimatische Umstellung machte ihm zu schaffen. Jedes Mal ging es ihm erst einmal schlechter, wenn er hier ankam, und er musste sich wieder aufrappeln. Er blickte aus dem Fenster, draußen hing ein Thermometer: minus sieben Grad, dahinter die mächtigen Alpenstöcke, zerrissene Nebel, es schneite.

Wehmütig und mit leichtem Kopfschmerz betrachtete er die kerngesunde Carola und versuchte, seinen Hustenreiz zu unterdrücken, um sie nicht zu wecken. Selig schlummerte sie, dehnte die Zeit in ihrem Lieblingsmöbel, dem Bett, so lange aus wie möglich. Ja, sie machte gerne Liegekur, verband diese präferiert mit sexuellen Höchstleistungen.

Als »Menschenfresserin« war sie bekannt – und so ungeheuer sympathisch dazu: eine verführerische Kombination und möglicherweise ein bisschen zu viel für den schwer erkrankten, kahlgeschorenen Klabund mit dem gütig-schüchternen Kinderblick, dessen Stimme von den verätzten Tuberkeln auf den Stimmbändern so melancholisch sanft-heiser klang. Seit ein paar Monaten kannten sich die beiden, und es war intensiv. Wahrscheinlich, so mutmaßte er, würde sie ihn zu Tode lieben, wobei das wahrscheinlich nicht die schlimmste Art zu sterben war. Das Ungeheure an ihr, so empfand er es, war ihr großes, gütiges Herz. Unbedingt wollte er sie heiraten, das hatte er sich geschworen, auch wenn er ahnte, dass sich diese Wahl als fatal erweisen könnte, weil zu aufregend für seine angeschlagene Konstitution. Doch genau das zog ihn ja an: Er versteckte seine Liebe nicht, sondern ging in ihr auf, auch (oder gerade) wenn es seinen eigenen Untergang bedeutete, mit einem solchen Energiebündel liiert zu sein – einer derart aufregenden Partnerin, die ihn stimulieren würde, bis zum letzten Augenblick.

Während er den Zenit seines Ruhmes und Lebens gerade durchschritt, stand Carola Neher erst am Anfang. Wie ein Komet würde sie loszischen, und den Startschuss gab Klabunds *Kreidekreis,* bei dessen Inszenierung in Meißen und Breslau sie für die Hauptrolle vorgesehen war. Das Paar ergänzte sich perfekt: Er schrieb ihr die Rollen auf den Leib, und sie machte seine Stücke durch ihre brillante Darstellung populär, wobei sich allmählich die Balance änderte: In Klabunds *Brennende Erde,* worin Carola ein 17-jähriges Mädchen namens Marusja gab, umjubelte das Publikum frenetisch sie, während seine dramaturgische Leistung kaum Erwähnung fand. Doch ihm machte das nichts aus. Er gönnte Carola den Erfolg und die Aufmerksamkeit – und versuchte nicht, ihrer Unbändigkeit Grenzen zu setzen.

So kam es beispielsweise auf einem der großen Kostümfeste in Berlin vor, dass er alleine durch das Getümmel zog und sie verzweifelt suchte, kurz und heftig atmend, sie aber nicht fand, dabei wollte er so gerne nach Hause: »Sie kann ja hier bleiben, wissen Sie. Ich müsste ihr nur ihr Handtäschchen geben.« Die Schriftstellerin Gina Kaus beschrieb Carola Neher später so: »Sie war eine extrem sinnliche Frau. Man sagte von ihr, sie ginge keine Nacht ohne einen Mann ins Bett, auch wenn sie ihn am Tage noch nicht gekannt hätte. Verheiratet war sie mit dem sensiblen Klabund – der, wie jedermann wußte, übers Jahr, höchstens zwei Jahre dem Tode durch Schwindsucht verfallen würde. Er wusste von Carolas allnächtlichen Eskapaden. Ob sie ihm gleichgültig waren oder ihn amüsierten, weiß ich nicht, aber ich weiß, daß Carola ihn auf ihre Art liebte. Ich war hin und wieder anwesend, wenn Brecht sich um sie bemühte, und sie erzählte mir, wie sehr sie ihn begehrte, aber Brecht stellte eine Bedingung: sie müsse zumindest die erste Nacht bis zum Morgen mit ihm verbringen. Es hätte Klabund aber gekränkt, wenn sie eine ganze Nacht nicht nach Haus gekommen wäre, und Carola lehnte es ab, ihn zu kränken. Sie erzählte mir, wie schwer es ihr fiele und wie schwer es Brecht ihr mache, aber sie hielt durch.«

Klabund stand auf der Waage. Immerhin: In der leichten Gewichtszunahme war ein Fortschritt erkennbar. Er musste los, zur Untersuchung, zog sich an: Kniebundhosen, Hemd mit Krawatte, Jacke, Mütze, runde Brille – nahm sein blaues Speiglas, auf dem Maßeinheiten angebracht waren, las ab: zehn Kubikzentimeter Auswurf, das lag in der Norm. Ohne hastige Bewegungen, um seinen Kreislauf zu schonen, ging er hinunter zum Frühstück: Kaffee, Brot, Butter, Käse und Honig, zwei weiche Eier, ein Glas Wein: notwendige Stärkung nach der Nacht mit Carola. Da saßen die Kranken um den Tisch herum, unter ihnen Frieda und Erwin Poeschel, sie Rechtsanwältin, er Kunsthistoriker, gemeinsame Inhaber von Stolzenfels. Anders als bei Chefarzt Jessen stand hinter den Poeschels kein Financier, sondern sie führten die Pension in Eigenverantwortung, pflegten einen persönlichen, häufig freundschaftlichen Umgang mit ihren Gästen. Den intellektuellen Poeschels gefiel der bänkelsängerische Charme des poetischen Klabund, der wahrlich an seiner Krankheit litt, aber diesem Leiden seine Verse abrang – der unermüdlich arbeitete an einem Ort, wo so viel Müßiggang herrschte. Auch mochten sie seine aufregende Partnerin mit dem Bubikopf, der androgynen Kleidung, ihrer »ergreifenden Beseeltheit und kernigen Anmut«. Carola Neher besaß sogar den Führerschein! Es war spannend für die Poeschels zu beobachten, wie Klabund, der sich selbst immer alle Freiheiten herausgenommen und den früher einmal ein Kumpel als »Kettenraucher der Liebe« bezeichnet hatte, nun mit einer Frau zusammen war, die Ähnliches für sich beanspruchte, während die Krankheit ihm selbst die Vitalität raubte.

An diesem Morgen war das Thema am Frühstückstisch wie schon an den Tagen zuvor das dicke Buch von Thomas Mann – jenem Kettenraucher von Mancini-Zigarren –, seit dem 24. November 1924 im Handel. »*Der Zauberberg* hat die Davoser sehr verärgert«, schrieb Katia Mann in ihren Memoiren: »Das Buch hat in Davos Anstoß erregt, weil es den Anschein erweckte, als ob junge Leute aus reichen Familien, eingefangen von der Atmosphäre des Sanatoriums und den Annehmlichkeiten dieser Existenz, festgehalten würden, wo sie schon nicht mehr so krank waren, und nur wegen des Geschäftlichen und der Ungebundenheit viel länger blieben, als sie eigentlich mussten.«

Tatsächlich hätte dem Ort, wo in Dutzende von Sanatorien Millionen von Franken investiert worden waren, zu jenem Zeitpunkt nichts Schlimmeres passieren können, da die Gästezahlen wegen der anhaltenden Weltwirtschaftskrise ohnehin einbrachen. Manns spektakuläre Kritik auf höchstem literarischem Niveau war da wenig hilfreich und rief einen »Sturm der Entrüstung«, »Befremden und Empörung« hervor. Ganz Deutschland – woher die meisten Patienten kamen – amüsierte sich über die als Heilstätten getarnten »Lustschlösschen, die ungeheure Laxheit, die bestand, dass man über die Balkone von einem Zimmer ins andere kommt«, wie Katia Mann es beschrieb: »Es war schon in sittlicher Hinsicht dort oben alles nicht ganz einwandfrei.«

Vor allem die lokale Ärzteschaft fühlte sich auf den Kittel getreten: Der Roman wurde als Heimsuchung empfunden, beleuchtete er doch ihre selbstpostulierte Allmacht, prangerte ihr Herrschen über Leben und Tod an und entlarvte das Narrativ des »Mekkas der Schwindsüchtigen« als eine geldgesteuerte, fragwürdige Fiktion. So geriet *Der Zauberberg* zum »bestgehassten Buch in Davos selbst, weil der Arzt dort rückhaltlos und fast nur in seinen Schwächen gezeichnet« würde. Vor allem die Darstellung Dr. Jessens als zynischer, blaubackiger Hofrat Behrens mit blutunterlaufenen Augen stieß sauer auf. Jessen galt vor Ort als führender Mediziner, so wurde auch er gebeten, die Bronzebüste »Der Atmende« zu Ehren des Davoser Gründervaters Alexander Spengler im Kurpark einzuweihen. Heftig gingen die Diskussionen, ob das Buch lokal verboten werden sollte, und in vielen Sanatorien kam es dazu: Während der Liegekur im *Zauberberg* zu schmökern wurde zum Tabu.

Auch in den tonangebenden Fachzeitschriften wie der *Münchner Medizinischen Wochenschrift* oder der *Deutschen Medizinischen Wochenschrift* brachen Mediziner den Stab über dem Roman: »Die ernste Arbeit der Heilstätten« sei »durch diese Darstellungen Manns einigermaßen gefährdet«. Tuberkulosepapst Turban meldete sich ebenfalls zu Wort. Akribisch durchforstete er die vielen Hundert Seiten nach fachlichen Fehlern, wies, wie er behauptete, »die Unwissenheit des Schriftstellers

Thomas Mann in medizinischen Dingen« nach und bezeichnete »diesen Sensationsroman (als) ein trübes Destillat einer trüben Zeit«. Das Buch habe »bei Ärzten und Tuberkulosekranken Schaden angerichtet, wird aber bald vergessen sein«, postulierte er – und lag zumindest mit Letzterem kolossal daneben.

Der Autor reagierte auf die Anschuldigungen aus Fachkreisen gelassen, zumal es auch Ärzte gab, die seine Detailkenntnis lobten. Wer die Sache ebenfalls locker sah, war Jessen selbst. Den Vorschlag seines Kollegen Turban, den Schriftsteller auf Rufschädigung zu verklagen, um die Verbreitung des Buches wegen Verletzung der Persönlichkeitsrechte zu stoppen, lehnte er ab: Wenn er sich vor Gericht auf dieses Gleis begebe, laufe er Gefahr, vom Fabulierer Thomas Mann ausgebootet zu werden. Jessen wusste, wovon er sprach: Er kannte die Macht der Fiktion und dass in diesem Fall gegen den Meister kein Stich zu gewinnen war.

Im Stolzenfels wurde weniger die Häme am Sanatoriumswesen diskutiert als Manns Behandlung des Leids, der Krankheit selbst. Erwin Poeschel bemängelte, dass seiner Meinung nach dem Schriftsteller das Verständnis für den komplexen Problemkreis der Tuberkulose fehle, wodurch das Buch zynisch ausgefallen sei. Mann habe das Milieu lediglich ausgeschlachtet, sei aber, anders als Klabund in *Die Krankheit*, dem transformativen Leid, der Tragik von Davos, nicht nahegekommen.

Was Klabund vom *Zauberberg* hielt, der seine eigene Schöpfung vom ersten Tag an in den Schatten stellte, ist nicht überliefert. Ob er glaubte, noch genügend Lebenszeit zu besitzen, um sich durch die 1200 Seiten zu kämpfen, wissen wir nicht. Damit er immerhin erfuhr, wie es um ihn stand, machte er sich nach dem Frühstück zur Visite bei Dr. Staub auf, dem Chefarzt des Sanatoriums Schweizerhof, wo er in Behandlung war.

Es gab nur kurze, leichte Aufhellungen an diesem 5. Dezember 1924, und im Laufe des Tages fielen 6,2 Zentimeter Schnee. Ein Wetter zum Abgewöhnen, kein der Gesundheit zuträgliches Klima: Ausfälle an Sonnenstrahlung, dem wichtigen Heilfaktor. Stets hing die Stimmung auf der Promenade vom Wetter ab, und an einem graukalten, windigen Tag wie diesem, wenn unter der starken Bewölkung der hässliche Geruch von Karbol, Lysol und Chlor hing, empfanden sich viele schon wie mit einem Bein im Grab. Klabund versenkte die Hände in den Taschen seiner Sportweste und lief hustend durch den Zigarettenqualm vor der Haltestelle für die Pferdetram. Dunkle Wolken zogen sich um das Schiahorn zusammen, in der Ferne blitzte und donnerte es. Aufgrund der Sauerstoffarmut der Höhenluft musste er tiefer einatmen, als er es in Berlin je gewagt hätte – tiefer in die Lungen hinein, das hätte gutgetan an einem klaren Tag. Doch heute war die Luft nass und stechend.

Vor der Visite bei Dr. Staub – ein nicht unpassender Name für einen Tuberkulosearzt – beschloss er, sich mit einem Vermouth zu stärken, um mögliche Hiobsbotschaften besser verkraften zu können. Im Restaurant Kolbinger wurde hinter verhangenen Fenstern »Zigeunermusik« gespielt, ein schattenhafter Frack schwang eine graue Geige, *Soupers de luxe en commande* blinkte in goldenen Lettern. Doch Klabund ging weiter, setzte sich ins Kurhauscafé, sein Stammlokal, weil es dort mehr Zeitungen gab und er das Zeitunglesen liebte, vor allem den Sportteil. Oft auch schrieb er hier, versah, »von den Kurgästen interessiert beobachtet, von den Kellnerinnen belächelt, (...) an seinem Stammplatz Hunderte von kleinen blauen Oktavheftchen mit schlechten Versen und verwirrter Prosa«. Er bestellte seinen Drink, streifte die unförmigen Überschuhe ab und wischte mit einem Taschentuch seine blaue Schneebrille blank. In der *Neuen Zürcher Zeitung* stand an diesem Morgen etwas über die Mafia in Chicago: Der Anführer der North Side Gang war in seinem Blumenladen erschossen wor-

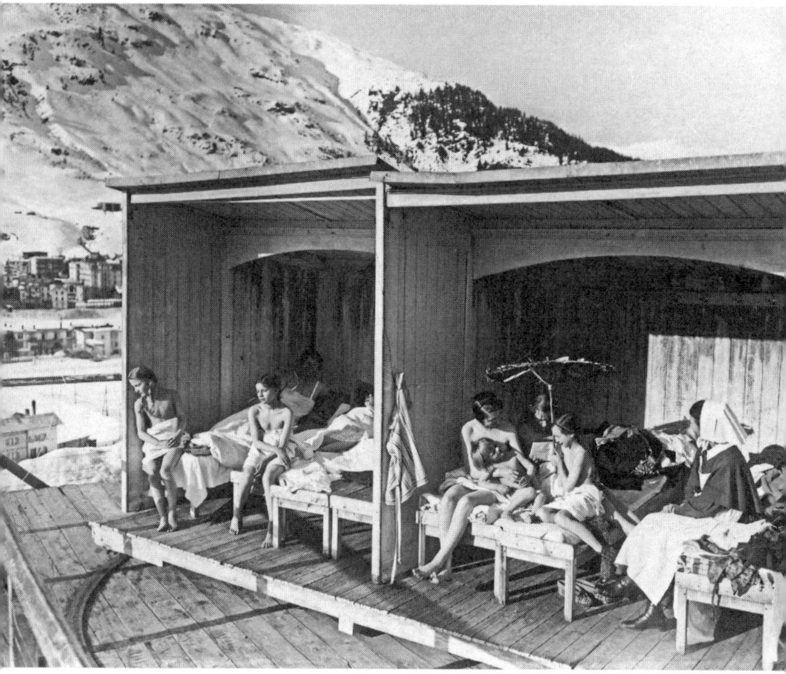

Innovatives Davos:
zur Sonne hin drehbare Liegeplätze für lungenkranke Damen.

den. Seitdem war Bandenkrieg – Ereignisse, die sich in Brechts *Dreigroschenoper* wiederfinden würden. Auf Klabunds Tisch lag auch die neuste Ausgabe der *Davoser Blätter*. Das Editorial sprach an vorderster Stelle ebenfalls vom Ortsgespräch Nummer eins, wenngleich wenig kritisch: »Die literarische Welt der deutschen Zunge ist voll davon: *Der Zauberberg* ist erschienen! Der große längst erwartete Roman von Thomas Mann. *Der Zauberberg* aber ist Davos, hier hat der Dichter seine Inspiration empfangen und aus dem Geist der Liegehallen, der Sehnsucht nach Gesundung des Einzelnen und (…) auch der ganzen Welt, (…) ist der riesige, 1200 Seiten starke Roman entstanden.« Ins Detail ging der Text nicht, dafür driftete er ins Schwülstige ab: »Für heute dürfen wir uns darauf beschränken, dankbar festzustellen, dass einem der bedeutendsten Köpfe des gegenwärtigen Deutschland in Davos der Gedanke aufgesprungen ist: das ist der *Zauberberg*, der Berg des Heils. Heil muss uns widerfahren von der Höhe aus. Davos: *Der Zauberberg!*«

Bis zum Schweizerhof waren es nur zwei Minuten in Richtung Krematorium. Der Wind blies aus Süden, das mochte Föhn bedeuten, und der war schlecht für die Gesundheit. Trotz des Drinks fühlte Klabund sich schlapp, vielleicht hätte er noch ein Danziger Goldwasser kippen sollen, seine

Nerven waren herunter, seine Energie wie alter Kuchen zerbröselt. Zu keiner Arbeit war er fähig, dabei musste er jetzt nachlegen, wo sein *Kreidekreis* in alle Welt ging und die Aufmerksamkeit der Feuilletons auf ihm lag. Ob er es jemals wieder ins flache Land schaffen würde? Oder war dies bereits der Abschied von Carola … Starb er demnächst? Die Luftfeuchtigkeit war wirklich hoch an diesem Mittag. Vielleicht würde es zum Abend hin Niederschlag geben, im besten Falle Schnee, doch auch Sprühregen war möglich, und in der Feuchtigkeit lebten die Tuberkel auf, fingen zu tanzen an, was zu Blutungen führen konnte.

Der Chefarzt des Schweizerhofs, Dr. Staub, kam von einer Operation, sein »weißer Mantel ein wenig mit Blut bespritzt«. Er klopfte Klabund zunächst ab, produzierte jenes charakteristische Davoser Pochen. »Ich stelle fest«, sagte er, als sein hölzernes Stethoskop wieder in seine Brusttasche geglitten war: »Aufgrund starker Widerstandsfähigkeit und Zähigkeit Ihrer Natur könnten Sie durch eine streng eingehaltene Kur Ihr Leben entscheidend verlängern. Die Wendung von einer heftigen akuten zu einer chronisch leicht verlaufenden Form ist erreichbar. Die Tuberkulose hat sich mehr oder weniger in den Oberlappen beider Lungen lokalisiert, und der Körper ist immun geworden gegen eine weitere Ausbreitung. In dem betroffenen Gebiet hat die Krankheit allerdings zu großen Zerstörungen geführt, welche auch die Ursache für Ihre manchmal schweren Blutungen bilden. Doch Ihnen kann geholfen werden. Aber ist es Ihrem Temperament denn gegeben, eine Heilung um den Preis des Verzichts auf ein intensives Leben einzuhandeln und dafür sich den ärztlichen Vorschriften ganz zu fügen?«

Als auf dem Nachhauseweg helleres Wetter eintrat, strömten die Kurgäste wie Bienen aus den Pensionen hervor. Klabund dachte an Carola und dass er mit ihr zurückwollte nach Berlin. Doch an der Spree war an Ruhe nicht zu denken, und die Sonne schien dort auch nicht. Wollte er wirklich sein Leben herunterschrauben, um es länger genießen zu dürfen? Aber war es dann noch der Genuss, den er lebenswert fand? »Ich will unbedingt, dass du die ganze nächste Saison wegbleibst von Berlin«, hatte Carola ihn gewarnt, aus Anteilnahme, weil sie wusste, dass ihn dieses Dilemma zerstörte: »Du gehst nachts aus, rennst den ganzen Tag herum, telefonierst den ganzen Tag.«

Um Punkt 14 Uhr war er zurück im Stolzenfels: Mittagessen, vier Gänge, um vier Uhr gab's Kaffee und einen Schoppen Milch. Kurz darauf war die Sonne hinter den Bergen untergegangen, da nutzte auch ein Flachdach wenig, und bei Klabund begann das Fieber. Um sieben Uhr Abendessen, danach noch mal auf den Balkon zum Liegen. Neun Uhr zu Bett mit Fräulein Neher, obgleich Dr. Staub zu sexueller Mäßigung geraten hatte, da die Ausschweifung »als Bedrohung des Körpers und des Subjekts schlechthin« galt. Doch die Versuchung war groß: Die Vergeistigung, die mit der Schwindsucht einherging, führte auch bei Klabund zu sexueller Raffinesse, außerdem hieß es, dass Tuberkulose Toxine produzierte, die einen erotischen Berauschungszustand förderten.

Er schluckte eine Arsenikpille, weil ihm das ein feuriges Aussehen verlieh und angeblich die Leistung steigerte. Sein Thermometer zeigte 39 Grad. Carola steckte sich eine Kognakbohne in den Mund. Noch immer hoffte er, ihr seinen wahren, hoffnungslosen Zustand verheimlichen zu können, aus Angst, sie würde ihn dann verlassen. Doch da hatte er die Lage falsch eingeschätzt. So wie Hans Castorp sich von der dahinschwindenden Clawdia Chauchat angezogen fühlt, ging es Carola Neher mit Klabund. Er verzehrte sich vor ihren Augen, in ihren Armen, er verschwand in ihrer Liebe, und das berührte und erregte sie. Immer mehr löste er sich in ihr auf, und im Grunde vollführten sie eine Art Dreier: Carola Neher, Klabund sowie seine zweite Braut, die dunkle Königin »Auszehrung«, von der er nicht loskam und die ihn immer enger umgarnte, umarmte, enger noch als Carola. Die in sein Innerstes vorgedrungen war, die Stelle über seinem Herzen besetzt hielt, in jenen Lungenspitzen ihr Zerstörungswerk trieb. Diese finstere Gattin entzog ihm mehr Energie, als Carola ihm geben konnte: Gegen diese Gegnerin kam nicht einmal sie an, doch es forderte sie heraus – Klabund fasste ein solches Stelldichein in die verstörenden Verse: *»Ein Herr tanzt exaltiert wie ein Tuberkel, / Des Frackes Schöße zwitschern vogelgleich. / Die rosa Sängerin hält fürstlich Cercle. / Ein Oberleutnant pokert schreckensbleich. / Ein Jüngling träumt von einer fernsten Ferne. Aus seiner ausgeschnittnen Weste stiert / Die Höhlung einer riesigen Kaverne. / In der die Nacht wie eine Palme friert.«*

Die kranken Zwanziger

Tuberkulose gab es auch nach dem Ersten Weltkrieg reichlich, und in Folge des Krieges griff die Massenmaladie noch mehr um sich, gefördert durch schlechte Ernährung, miese Arbeitsbedingungen, Wohnelend. An der Westfront habe sich jeder Dritte angesteckt, berichtete Erich Maria Remarque, Autor des Weltbestsellers *Im Westen nichts Neues* und ebenfalls Davosbesucher, da seine Frau an Augentuberkulose litt. Der Kampf gegen die Pandemie durch luxuriöse Heilstätten, zu denen nur wenige Zutritt fanden, wurde aufgrund der politischen Veränderungen immer mehr infrage gestellt, war plötzlich nicht mehr wert, »als wenn man einer Hungersnot mit Kaviar und Austern statt mit Brot und Speck abhelfen wolle«.

Vor Ort veränderte sich die Lage aufgrund des Weltkrieges und der damit einhergehenden politischen Umwälzungen drastisch. Seit der Oktoberrevolution gab es die reiche Russenklientel nicht mehr, und auch die Zahl der Deutschen, Franzosen und Briten schrumpfte auf beinahe die Hälfte. Die vom Krieg angeschlagene Wirtschaft, verbunden mit der Hyperinflation 1923 in Deutschland, machte auch vor dem Hochgebirge nicht halt: Die Glanzzeit, die Katia und Thomas Mann erlebt hatten, als über 30 000 wohlsituierte Gäste pro Jahr in mehr als einem Dutzend Privatsanatorien kurten, war Geschichte; das betuchte Kontingent kleiner geworden. Ehemals Vermögende, die zwar noch die Tuberkel in der Lunge, nicht aber mehr das nötige Kleingeld in der Börse hatten, räumten schweren Herzens ihren Liegeplatz an der Sonne.

Dramen spielten sich auf 1500 Höhenmetern ab:

Schwerkranke wurden, wenn sie nicht mehr berappen konnten, gnadenlos ausgesteuert, mussten Orte wie die Schatzalp verlassen und in einfachen Bauernstuben unterkommen, in bescheidenen Kammern, wo sie den kleinen Ofen mit selbst gesammelten Tannenzapfen heizten, nicht mehr von fünf exzellenten Mahlzeiten pro Tag, sondern von verdünnter Milch und Brot lebten, Näharbeiten besorgten, um sich über Wasser zu halten, Pullover strickten, Socken stopften, die als »Patientenarbeiten« in den Boutiquen des Ortes verramscht wurden. Kaffeehausbesuche kamen für viele nicht mehr infrage: Nicht mal genügend Geld für Briefmarken und Zahnpasta war da. Viele mussten frieren, kämpften um ihre Gesundheit und Identität, flüsterten nur noch von ihren Träumen, die immer unrealistischer wurden, verkauften ihre hinfälligen Körper, um über die Runden zu kommen – oder zumindest noch über eine. Anstatt sich auszuruhen und auszukurieren, ackerten die Minderbemittelten, um sich den Aufenthalt in billigen Absteigen leisten zu können. Eine typische Annonce jener Zeit lautete: »Ich bin eine junge Frau aus erster Familie mit sehr guter, moderner Erziehung, weit gereist und sehr gewandt. Seit Jahren leide ich an Lungentuberkulose und bin daher gezwungen, dauernd fern der Heimat zu leben. Jetzt stehe ich durch unglückliche Schicksalsschläge pekuniär vor dem Nichts und kann den Mut zur Erlösung durch freiwilligen Tod nicht finden. Darum suche ich einen Freund, der, krank wie ich, in der Lage ist, für mich zu sorgen, und dem ich dafür alles geben könnte, was eine Frau zu geben vermag. Ich bin mittelgroß, schlank, brünett, hübsch, gesund aussehend und zur liebevollen Pflege eines Freundes noch leistungsfähig. Infrage kommt nur geistig hochstehender, gütiger Mensch. Persönliche Aussprache wäre mir erwünscht, auch zu jeder schriftlichen Auskunft bin ich bereit. Briefe erreichen mich durch das ›Tage-Buch‹ unter der Anschrift ›Zauberberg‹. Frau B.«

Das Städtchen im Hochgebirge tanzte mit dem Tod, das Leben galt wenig, wurde dafür umso intensiver wahrgenommen. »Eine Kokotte mit einem Greisenkopf, den üblen Hauch ihres verwesenden Mundes mit wildem Parfüm überduftend, hüpfte quer über die Promenade. Zwei junge und elegante Herren liefen atemlos und hüstelnd hinter ihr her«, wie Klabund es beschrieb. Andauernd rollten die Fuhrwerke mit den stummen Männern auf dem Kutschbock und den Särgen auf der Ladefläche um die Ecken, ihnen entgegenkommend die Desinfektoren, deren Aufgabe es war, aus eben noch bewohnten Zimmern sterilen Raum zu machen, bereit für das nächste Schicksal. Überall liefen Angehörige in schwarzer Trauerkleidung umher.

Um die soziale Katastrophe abzufedern und Pflege nicht nur Gutsituierten zu ermöglichen, etablierten sich »Volkssanatorien«, finanziert von privaten wie öffentlichen Wohlfahrtseinrichtungen, Kirchen oder den seit den Sozialgesetzen eingerichteten Krankenkassen. Pionierarbeit auf diesem Gebiet hatte Spengler selbst noch geleistet, der seine linksrevolutionären Wurzeln nie vergaß und bereits 1882 die erste »Volksheilstätte für mittellose Deutsche« gegründet hatte, die später nach ihm Alexanderhaus hieß. Dort wurde die Pflege mit 1 Franken 25 pro Tag so günstig angeboten, dass auch kranke Proletarier zur Behandlung kommen konnten.

Doch entwickelten jene Masseninstitutionen, die das Leid vieler minderten, auch Schattenseiten. Immer hierarchischer wurden sie im Laufe dieser kranken Zwanziger geführt, und das hatte Auswirkungen nicht nur auf Davos. Dr. Turbans Doktrin des Arztes als Gesundheitsführer, der »die ganze Lebensführung« des Patienten »beherrschen« und »sich verantwortlich fühlen (müsse) für die strikteste Ausführung aller seiner Anordnungen«, wozu auch das »Studium der geistigen und moralischen Eigenschaften« des Patienten gehöre, gewann an

Popularität. An Orten wie der Basler Heilstätte, der Deutschen Heilstätte oder dem Deutschen Kriegerkurhaus setzte sich eine »psychische und moralische Behandlung« durch: Der Arzt *erzog* den Maladen zu einem »der krankhaften Anlage entgegenwirkenden Verhalten«. »Unermüdliche Aufsicht und Erziehung« sollte jegliche »geistige Überanstrengung« wie auch »sexuelle und andere Exzesse« im Zaum halten.

Dadurch änderte sich die Stimmung insgesamt, und erneut fungierte Davos als Spiegel Europas: Disziplin löste Frivolität ab, Frauen und Männer durften nicht mehr gemeinsam Aufzug fahren, und medizinische Fachkräfte, die die Liegekur überwachten, hießen »Polizei«. Von ihren panoptischen Beobachtungspunkten aus entging ihnen keine Regung mehr, sie hatten alle ihre Patienten beim stundenlangen täglichen Stillliegen im Blick und legitimierten ihre Macht mit Gesundheitsargumenten: Jeder müsse sich an die Regeln halten, um nicht andere zu gefährden. »Sie stehen 3 Minuten vor 2 Uhr, nicht früher und nicht später, auf der Kommandobrücke der Liegehalle, die Uhr in der Hand. Schlag 2 Uhr gibt es auf der Halle keine Bewegung mehr, verstanden!« So tönte es martialisch in der Basler Heilstätte. Längst hatte sich nicht nur bei Turban »ein Geist der Disziplin, Ordnung und

Selbstzucht« verbreitet. Immer mehr entwickelten sich die Sanatorien zu Erziehungsanstalten, um Menschen widerstandsfähig zu machen gegen Bazillen, die »Gefahr von innen«. Die totalitäre Ideologie, die bis in den Körper des Einzelnen drang, war geboren – die Gesellschaft als geschlossene Anstalt. Weit war der Weg nicht mehr von der Pandemiebekämpfung in die Gesundheitsdiktatur.

Der Tod der Zwanziger

Als wegen Thomas Manns Enthüllungsbuch die Einnahmen aus der Kurtaxe zusätzlich sanken, überlegte das Propagandabüro, wie dem gegenzusteuern sei. Allzu gerne hätte man endlich einen Nachweis gefunden, dass sich das lokale Klima tatsächlich heilend auswirkte. Doch das 1922 extra zu diesem Zweck gegründete Institut für Hochgebirgsphysiologie und Tuberkuloseforschung, von dem sich die Kommune »einwandfreie und sicher wirkende Reklame« erhoffte, hielt nichts parat. Gemeinsam mit dem angegliederten und noch heute existierenden Physikalisch-Meteorologischen Observatorium Davos, PMOD genannt und verantwortlich für Wetteraufzeichnungen, wurde vergeblich untersucht, ob und wie die Sonneneinstrahlung in Höhenlagen an Quantität und Qualität gewänne – und wie dies die Schwindsucht bekämpfe. Die These lautete: Da das Licht in Davos eine kürzere von Staub belastete Luftsäule zu durchqueren hatte als im Tiefland, erreichten mehr kurzwellige, also blaue, violette und ultraviolette Strahlen den Körper – und dies übe einen heilenden Effekt aus. Doch alles blieb vage. Auch nach jahrelanger Forschung stellte der Leiter des PMOD ernüchtert fest: »Ein spezifischer Heilfaktor des Hochgebirgsklimas (…) ließ sich nicht finden.«

Als 1928 noch immer keine publizierbare Arbeit vorlag, überlegte das Propagandabüro, Institut und PMOD zu schließen und das Geld lieber direkt in Werbung zu stecken – oder in andere publikumsträchtige Attraktionen. Für eine solche erreichte im März jenen Jahres kein Geringerer als Albert Einstein das Grand Hotel Kurhaus im Landwassertal. Der berühmte Physiker wurde eingeladen, um den Eröffnungsvortrag der *Davoser Hochschulkurse* zu halten, eine neue wissenschaftliche Initiative mit dem Ziel, den Ort wieder zum europäischen Treffpunkt zu machen. Nach den Verwüstungen des Ersten Weltkrieges sollten Ansätze der Verständigung gesucht werden. Vor allem deutsche und französische Wissenschaftler würden sich in der neutralen Schweiz wieder austauschen können; aufgrund der Versailler Verträge, die Deutsche von internationalen Kongressen ausschlossen, war das lange nicht möglich gewesen. Die Elite der europäischen Intellektuellen – Ökonomen, Philosophen und auch Schriftsteller – sollte sich deshalb jährlich zum Winterende für drei Wochen in Davos versammeln: noch kein Welt*wirtschafts*-, dafür ein Welt*wissenschafts*forum.

Das Thema der hochkarätigen Auftaktveranstaltung lautete »Der bedrohte Mensch«. Dies schien 1928, als die großen politischen Umwälzungen der Dreißigerjahre bereits spürbar waren, ein adäquates Sujet, und für Einstein war die Sache klar: Anders als Turban mit seinem Verbot des Lesens und Schreibens und zwischenmenschlichen Kontaktes während der alles bestimmenden Liegekur versuchte das Mathegenie, die Studenten und Patienten vor Ort vom Gegenteil zu überzeugen, dass nämlich »geistige Arbeit der Gesundung im Allgemeinen nicht abträglich, ja sogar indirekt nützlich« sei. Die Wichtigkeit der Kommunikation über die Grenzen hinweg hob er besonders hervor: »Lasset uns auch nicht vergessen, dass dies Unternehmen in hervorragendem Maße dazu angetan ist, Beziehungen zwischen Menschen verschiedener Nationen herzustellen, die der Erstarkung eines europäischen Gemeinschaftsgefühls günstig sind.«

In diesem gleichen Jahr 1928, ein paar Monate später im Sommer, saß Klabund im Kurhauscafé und blätterte in der UHU, einer Art deutschem *New Yorker,* worin jener Einstein publiziert hatte, Walter Benjamin, Kurt Tucholsky, Hermann Hesse oder Bertolt Brecht. In der Ausgabe, die Klabund in den fiebrigen Fingern hielt, kam auch seine Ehefrau zu Wort – tatsächlich hatten Carola Neher und er geheiratet – und war auf einem aufsehenerregenden Foto zu sehen. Unter der Überschrift »Mein Schönheitsgeheimnis« gab sie kund, für ihre Haare rohe Eier zu nehmen, für ihre Stirn Fett, für die Augen kaltes Wasser und für das Gesicht Eis: »Der Körper braucht Gymnastik. Die Beine brauchen Bewegung. Der Magen braucht Brot, Früchte, wenig Fleisch. Das Herz braucht Liebe. Kein Alkohol – nur hin und wieder ein Glas Sekt. In der Woche eine Zigarette: Einteilen muss man sich's halt.« So stand es neben der Aufnahme, für die sie mit gestreiften Hotpants und – besonders aufreizend – *ohne* Strümpfe posierte, die flachen Schuhe halb abgestreift, als stiege sie jeden Moment ins Bett.

Klabund hatte sich am Morgen gewogen, und als er die Pfundzahl 108 gelesen hatte, war er nachdenklich geworden. Er nahm ja genauso rapide ab wie aktuell der Mond! Angst vor dem Tod kannte er keine, er wusste zu viel darüber, hatte sich mit

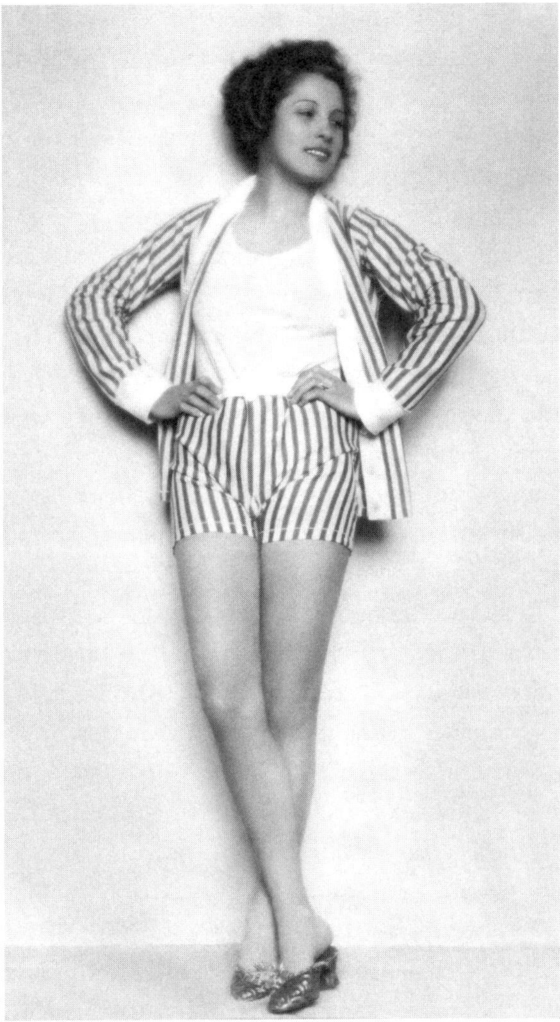

»Die schönste Frau Deutschlands«: Carola Neher.

östlicher Philosophie beschäftigt: ein Übergang, nichts weiter. Endlich wären zum Beispiel diese quälenden Kopfschmerzen fort. Das einzige Problem: Er lebte halt ausnehmend gerne! Beim Adria-Urlaub mit Carola hatte er sich in Brioni eine Lungenentzündung geholt und war möglicherweise zu spät nach Davos zurückgekehrt. Denn wegen der Pneumonia hatte er eine Blutung in der Lunge bekommen, so waren die Tuberkel in seine Arterien gelangt, durch seinen nicht sonderlich viel Widerstand bietenden Körper gewandert, hatten sich in der Hirnhaut abgesetzt und Dr. Staub eine Hirnhautentzündung diagnostizieren lassen: *Leptomeningitis tuberculosa* – das klang nicht nur brandgefährlich, sondern war es auch.

Doch wie erging es Carola? Sie war von Italien aus zurück nach Berlin geeilt für die Proben der *Dreigroschenoper*, Premiere am 31. August 1928 am Theater am Schiffbauerdamm. Brecht, den die Neher verrückt machte, weil sie ihn nicht so ranließ, wie er sich das wünschte, hatte sie zu seiner Lieblings-Polly erkoren, die Hauptrolle auf jenen Leib geschrieben, den er so begehrte. Wohl war ihr in Berlin aber nicht, da sie sich Sorgen um Klabund machte. Wie schlimm stand es mit ihm? Gab es akute Gefahr, dass er starb? Das wusste man bei ihm nie so richtig, er starb ja andauernd. Die Sache war nicht auf die leichte Schulter zu nehmen: Immer konnte es bei der Tuberkulose ganz plötzlich gehen, und binnen Tagen war ein Mensch hinweggeschwunden.

Drei Wochen vor der Premiere, als ihre Unruhe überhandnahm, ließ sie sich von einem erbosten Brecht Probenurlaub geben, versprach ihm aber, rechtzeitig zurück zu sein, er solle ihre Rolle auf keinen Fall umbesetzen: Sie werde die beste Polly geben, die überhaupt denkbar war. Da sie als fanatisch disziplinierte Schauspielerin galt, musste Brecht sich keine Sorgen machen. Ihren Weggang so kurz vor der Uraufführung hasste er dennoch.

Klabund lief zum Bahnhof, um sie abzuholen. Die Sonne schien stark, versetzte sein Blut in Wallung, sodass es aufbegehrte gegen die vermaledeiten Tuberkel. Vielleicht würde er auch dieses Mal dem Tod ein Schnippchen schlagen, ihm im letzten Augenblick von der Schneeschippe springen. Gemessen am Schwarzkugelthermometer betrug die Sonnenscheinintensität 62 Grad, und die Außentemperatur war gegen halb zwei Uhr am Nachmittag auf stolze 22,4 Grad geklettert, während die sogenannte Abkühlungsgröße – ein in Davos entwickeltes bioklimatologisches Maß für die auskühlende Wirkung durch Wind, Lufttemperatur, Feuchte und Sonnenstrahlung – bei nur 0,5 Millikalorien pro Quadratzentimeter in der Sekunde lag. Was auch immer das bedeutete: Dies war kein Tag, an dem einem kalt wurde, und am Himmel zeigte sich sogar ein »dreifacher Regenbogen ganz aussergewöhnlicher Schärfe«, ein ungewöhnliches Phänomen.

Nein, dies waren Momente der Hoffnung, und auch wenn niemand davon wusste, wuchs in dieser zweiten Augustwoche 1928 in London, 900 Kilometer Luftlinie entfernt, in der Petrischale des schottischen Bakterienforschers Alexander Fleming ein Schimmelpilz mit Namen *Penicillium rubens* und vernichtete die gesamte dort versammelte Staphylokokken-Kultur. Noch befand sich Fleming im Urlaub und ahnte nichts von dem Phänomen, das ihm den Medizinnobelpreis einbringen und die Patienten nicht nur in Davos erretten würde.

Wie er es vom Bahnhof zurück ins Stolzenfels schaffte, am Arm von Carola, die mit leichtem Gepäck angereist war, wusste Klabund später nicht mehr. Er wusste überhaupt nichts mehr mit Sicherheit, dafür war das Fieber zu hoch, dazu diese grelle, blendende Sonne! Es kam ihm irgendwann am Nachmittag während der Liegekur so vor, als ob sie miteinander schlafen würden, und vielleicht taten sie das auch, nur noch Fleisch, kein Geist mehr – oder war es umgekehrt? –, und Carola liebte den unmittelbarsten Klabund, der sie je geliebt hatte, den sie je geliebt hatte, und kam ein letztes Mal mit ihm. Immer wieder fiel er in Ohnmacht, die Außentemperatur war um halb zehn Uhr am Abend auf 14,3 Grad gesunken, einige Regentropfen fielen. Gott weinte. Neblige Bewölkung. Da schlug er die Augen auf, vor ihm stand Carola am Bett: *»Du wehst um meine Wangen / du lächelst aus dem Licht. Ich bin von dir umfangen / im herbstlichen Gedicht.«* Auf dem Nachttisch stand seine Spuckflasche aus blauem Glas mit dem Metallsprungdeckel. Da klingelte an der Rezeption unten das Telefon. Brecht war am Apparat, schon zum zweiten Mal an diesem Tag rief er an. Ihr Mann liege in der Agonie, sagte Carola aufgebracht. Dann sei er doch in zwei Wochen garantiert tot, entgegnete es aus der knisternden Leitung. Rechtzeitig zur Premiere. Schockiert legte Carola auf.

Doch so lange würde es nicht mehr dauern. Ab 22 Uhr an diesem 13. August 1928, obwohl die Sonne 8,1 heilsame Stunden lang geschienen hatte, setzte das Ende ein. Klabund lag nur da, mit erstauntem Ausdruck in den Augen, den Mund halb geöffnet, den großen, runden Kopf seitwärts geneigt: keine Pflicht, keinen Zweck mehr im Leben, nur noch möglichst lebendig sterben. Carola und Klabunds Freund und Herbergsvater Erwin Poeschel blieben mit einer Krankenschwester am Bett. Draußen hing eine hauchfeine Scheibe Mond am Himmel. Da brach ein erster Strahl des Morgenrotes über die Berge, und aus seinen kalkweißen starren Lippen lief ein dünner, glänzender Blutfaden wie eine rote Schlange. Er öffnete die Augen und sagte zu Carola: »Ich sterbe. Nur mein Mund leuchtet noch im Leben. Ich habe solche Furcht vor der Einsamkeit. Küss mich!« Dann lächelte er: »Das Morgenrot!« Um vier Uhr dreißig war der Dichter tot.

»Ich möchte, dass man meine Asche über das Meer hinstreut.« So hatte er seinen Wunsch nach Verbrennung im Davoser Krematorium formuliert: »Dann werde ich wie Jonas in einem Walfischbauch landen oder eine Flunder wird mich verschlucken und ein dicker Herr aus Königswusterhausen wird mich eines Abends zum Nachtmahl zu sich nehmen. Wunderbar sind die Wege des Schicksals. Aber vielleicht gelange ich auch ungefährdet bis auf den Grund des Meeres, ja: vielleicht auf den Grund allen Seins.«

Auch in der folgenden, am 17. August 1928 erscheinenden Ausgabe der *Davoser Blätter* – bereits im Druck, als er starb – wurde Klabund in der Gästeliste der Pension Stolzenfels genannt. Da befand er sich schon als Asche im flachen Land, in seiner Geburtsstadt Crossen an der Oder, wo der Dichter Gottfried Benn am Ehrengrab die Rede hielt. Carola Neher war ihrerseits rechtzeitig in Berlin angekommen und nahm die Arbeit an der *Dreigroschenoper* wieder auf. Doch Brechts rüdes Verhalten hatte sie angeekelt. Zudem musste sie bei den Generalproben die von ihrem verstorbenen Mann so gerne vorgetragenen Villon-Gedichte verballhornt als Brecht-Lieder hören, was ihr wie ein Verrat an dem geliebten Toten vorkam. Entscheidend für ihren Rückzug kurz vor der Uraufführung war dann Brechts Regieanweisung, die Polly *mädchenhafter* zu singen, auf den Schrillton zu verzichten, der Carolas Markenzeichen war. Anstatt zu gehorchen, schleuderte sie ihm das Textbuch entgegen und stieg aus. »Der einzige Mensch, der mich kannte und verstand, den ich liebte und verehrte, ist fort. Nichts mehr in meinem Leben kann diesem Glück gleichkommen, das ich durch ihn empfunden«, schrieb sie an die Mutter von Klabund.

Ihre Affäre mit Brecht schob sie für ein paar Monate auf und spielte die Polly erst ab dem nächsten Jahr.

Ramen

Zum Abendessen trafen wir uns in einer Ramen-Bar am von Kolonnaden eingefassten Platz von Davos. Während wir auf unsere Tantanmen mit Onsen-Ei warteten, überlegte ich, ob ich Suki, die herausgeputzt neben mir saß, von Klabund und Carola Neher erzählen sollte – von dieser unkonventionellen Liebe, die sich alle Freiheiten zugestand und leidenschaftlich blieb bis in den Tod. Würde ich ihr über diese Geschichte meine Gefühle für Emma plausibler machen können? Doch während ich an meinem Sake nippte, beschlichen mich Zweifel: Zum einen war Emma nicht meine Carola Neher, zum anderen bot sich Zurückhaltung an. Emma war *mein* Rätsel, *meine* Aufgabe, das hatte Suki richtig erkannt. Ich musste darauf achten, dass ich in ihr keine Unsicherheiten weckte, die dann ihr eigenes Beziehungsleben betreffen könnten, das demnächst starten würde. Ich musste, so kam es Eltern nun einmal zu, souverän wirken, auch wenn ich es in Wirklichkeit vielleicht gar nicht war.

»Alles okay, Papsi?«, fragte Suki mich in diesem Augenblick, da sie wohl mein Grübeln bemerkte.

Ich nahm sie in den Arm, drückte sie: »Absolut«, antwortete ich – und fühlte das auch. »Ich kann dir gar nicht sagen, wie sehr ich mich freue, dass wir diese Reise zusammen unternommen haben.«

»Aber Skifahren warst du noch nicht so oft …«

»Das kommt!«, rief ich. »Vielleicht schon morgen. Und ich kann dir sagen: Das Schreiben hier in den Bergen gefällt mir richtig gut.«

»Na dann«, sagte sie, hob dabei skeptisch ihre Brauen.

Vor uns auf den Tisch wurden die dampfenden Ramen-Suppen gestellt. »Lasst es euch schmecken!«, rief Anne enthusiastisch in die Runde, und so war es dann auch.

Das Ende des Gesprächs

Nur ein Jahr später standen die *Davoser Hochschulkurse* unter dem Einfluss von Zeiten, die immer unsicherer und wirtschaftlich prekärer wurden. Bis zum Crash an der Wall Street 1929 waren es nur noch sechs Monate, die industrielle Produktion ging überall drastisch zurück. Die internationalen Finanzströme drohten zu versiegen, Banken starben, selbst in der Schweiz, Massenarbeitslosigkeit. Auch im Weltkurort sah es wirtschaftlich wenig gesund aus: nicht einmal halb so viele Gäste wie im Vorjahr. Immerhin versprachen diese zweiten *Davoser Hochschulkurse* einen PR-Erfolg: Als Höhepunkt des dreiwöchigen Treffens stand die Konfrontation zweier Geistesriesen auf dem Programm. Der Shootingstar und neue Hoffnungsträger der Philosophie, der badische Kleinbürger Martin Heidegger, sprichwörtlich aus dem Nichts aufgestiegen, aber bereits als »Denker der Zukunft« geltend aufgrund seines verrätselten Meilensteins *Sein und Zeit,* trat in einer Diskussion zur Frage »Was ist der Mensch?« gegen den älteren Ernst Cassirer an, den Platzhirsch und führenden jüdischdeutschen Philosophen mit Weltrenommee. Passenderweise würde der Disput in der Reihe »Generationen« laufen.

Für Heidegger bot sich die einmalige Chance einer Wachablösung, und entsprechend nervös agierte er; die Atmosphäre im Ort ging ihm an die Nerven: »Davos selbst ist furchtbar; maßloser Kitsch in der Architektonik, absolut zufälliges Durcheinanderfallen von Pensionen u. Hotels. Und dann die Kranken ...«, schrieb er seiner Frau, die er »Seelchen« nannte, während er selbst den Brief mit »Möhrchen« unterschrieb. Auch das mondäne Belvédère, wo alle Vortragenden residierten, schien nicht nach seinem Geschmack: »Die Existenz im ›Grand Hotel‹ ist etwas herausfordernd.« Was dem 39-Jährigen gefiel, war das Wetter, das die Station Davos-Platz die volle Woche hinweg als »wolkenlos den ganzen Tag« beschrieb. So schwänzte er die Veranstaltungen, die er ohnehin »ziemlich anstrengend« fand, legte lieber eine Auszeit ein und erkundete mit seinen Studenten das Parsenn-Skigebiet – jenes, wo auch Suki und ich unseren letzten Urlaubstag verbringen wollten. Bis auf 2700 Meter kraxelte die Gruppe hoch, Ski über der Schulter – eine Bahn gab es erst zwei Jahre später –, um am Weissfluhjoch auszuruhen, die Aussicht zu genießen und »genuine Reflexion« zu betreiben, gestelzt über Selbstoptimierung zu sprechen. Dann ging es ins Tal zurück. Bei Heidegger klappte das offenbar gut, vielleicht gab er aber auch nur an: »Nun konnte ich meine Skitechnik erst sich auswirken lassen«, schrieb er an »Seelchen«: »Im Anfang war mir etwas bange wie das werden wird, aber gleich nach den ersten 100 m. merkte ich, daß ich allen (…) überlegen war.«

Sosehr dieser und sich anschließende Ausflüge aus Spaß an der Freud geschahen, steckte auch Kalkül dahinter, denn seine alpinen Abenteuer sprachen sich rum: »An den Abenden, noch mit dem Schwung unserer weitreichenden Exkursion, unsere Körper voll mit Sonne und der Freiheit der Berge, mischten wir uns, noch immer in Skiklamotten, unter die Eleganz der Abendgesellschaft.«

Einen Vortrag zur Neubewertung der Philosophie Kants hielt Heidegger sogar in Skikleidung und bastelte damit an seinem Image als antibürgerlicher Rebell.

Am 26. März 1929 um 10 Uhr war es so weit. Lediglich zwei Stunden dauerte die sogenannte »Arbeitsgemeinschaft« Heidegger versus Cassirer im Konversationssaal des Belvédère, doch ging sie in die Geistesgeschichte ein, wurde verglichen mit wegweisenden Streitgesprächen im antiken Griechenland. Entscheidend bei dieser *Davoser Disputation* waren nicht allein die Argumente, sondern der Stil der unterschiedlichen Kontrahenten: »Vom inhaltlichen abgesehen«, schrieb Heidegger, habe die Diskussion auf die Studenten »einen großen Eindruck« gemacht. Das New Kid on the Block wirkte nämlich cooler als sein Old-School-Kontrahent – der sportlich enge Anzug hob sich vom altmodischen Frack Cassirers erfrischend ab, und während Letzterer blass um die Nase war, zeigte Heideggers Antlitz sportliche Bräune. Auch kam Heidegger mit Absicht etwas zu spät zu der Veranstaltung – was ja immer als cool gilt –, mischte sich volkstümlich unter die Studenten auf den hinteren Plätzen, anstatt seinen reservierten Sitz in der ersten Reihe einzunehmen, bis Geraune im Saal umging: »Heidegger ist da.« Gegen solche Selbstin-

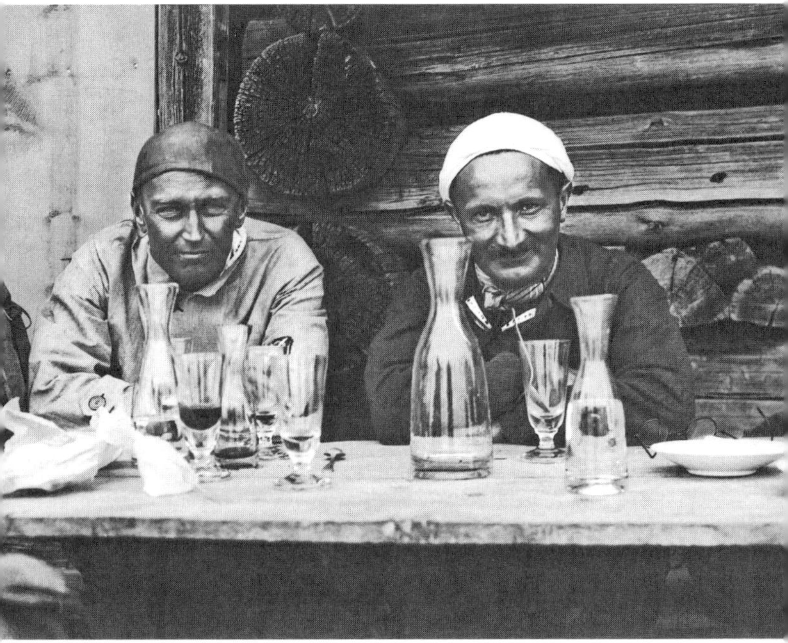

Coole Socke Heidegger (rechts):
Philosoph bräunt sich fürs Publikum in der Höhensonne.

szenierungskünste hatte Cassirer, den zudem eine Erkältung schwächte, einen schweren Stand. Tapfer hielt er sich aufrecht und verkörperte an diesem Morgen in Davos die liberale Kultur Europas, stand da als ein Produkt und nobler Repräsentant einer langen Entwicklung in der Tradition von Kant, Goethe und natürlich auch Thomas Mann – einer alten Ordnung, die allerdings vor dem Untergang stand. Heidegger hingegen verkörperte das Unbekannte, Neue, das Ab- und Untergründige, Aufregende.

Doch über was disputierten die beiden? »Das bloße Vermitteln wird nie produktiv weiterbringen«, lautete Heideggers düstere These, die er mit unverhohlen badischem Akzent in leicht beleidigtem Duktus vorbrachte. Seinen tief sitzenden Gefühlen von Einsamkeit, Unterdrückung und Frustration – die von vielen im Saal geteilt wurden – gab er Ausdruck, indem er betonte, dass Dissens das Leben bestimme. Der Boden solle stets als Abgrund wahrgenommen werden, um für den revolutionären Augenblick, der jederzeit kommen könne, bereit zu sein. Dieser prekären Weltsicht entsprach auch seine Einschätzung der Studenten: »Es ist furchtbar, wie zerrissen, ungleichartig, ohne Halt und Instinkt doch die jungen Menschen sind. Und nicht mehr zurückfinden in die Einfachheit des Daseins.« Kein Wunder, dass sein Vortrag bei diesen ankam, wenn er von »Geworfenheit« sprach oder vom »Widerstreit, der im Wesen der Freiheit liegt«.

Mit solchen Gedankenstimmungen konnte Grandseigneur Cassirer wenig anfangen. Zweckoptimistisch postulierte er, aus der Fülle der europäischen Geistesgeschichte schöpfend, dass Verständigung möglich sei und eine Vielfalt symbolischer Formen die Wirklichkeit erst erschaffe, den Menschen dazu bringe, auch abweichende Meinungen gelten zu lassen. Alle Kunst sei eine Manifestation der Freiheit, und ihr Sinn liege darin, den Menschen produktiv von seiner Angst zu entbinden. Wann immer der Altmeister eine seiner Ausführungen begann, stellte er zunächst fest, dass grundsätzlich Einvernehmen zwischen Heidegger und ihm vorliege: »Und doch verstehen wir uns durch das Medium der Sprache.« Doch sein Herausforderer ließ das nicht gelten, konterte jedes Mal trotzig und mit einer Schärfe, die fast an Unhöflichkeit grenzte, dass die *Unterschiede* zwischen beiden erkannt werden müssten. Auf Krawall getrimmt, soll Heidegger, wie Anwesende beobachtet zu haben glaubten, am Ende des Gesprächs Cassirer sogar den Handschlag verweigert haben, sein Argument, dass Menschen sich letztlich nicht verstehen *können*, konsequent umsetzend.

Handgeben oder nicht, cool oder uncool: Dem Publikum kam es so vor, als gebe künftig Zauberzwerg Heidegger den Ton an mit seiner Absage an eine »Brücke von Individuum zu Individuum«, für die der verschnupfte Idealist Cassirer mit so wenig Verve geworben hatte, dass ihn die Studenten bei einer satirischen Darstellung an einem der folgenden Abende mit ausladender Perücke zeigten, aus der der Kalk rieselte. Somit setzte Heidegger den Trend, propagierte unterschwellig Angst und Trennung, wo Cassirer etwas hilflos für Liebe und Verständigung plädierte. Die Intensität des Menschseins in der Moderne, die Thomas Mann so gemieden und Klabund so gesucht hatte, veranlasste den aufkommenden Radikalphilosophen zu einem neuen Denkgebäude, das die bürgerlich-westliche Welt, wie Cassirer sie repräsentierte, ablehnte. Doch leider schuf er nichts Besseres, im Gegenteil.

Nicht der versöhnliche Geist des Austauschs behauptete sich somit, nicht der Aufenthalt unter einem Dach, sondern der existenzialistische Extremismus, der einer Umwälzung entgegenfieberte, die der »Härte des Schicksals« entsprach. Und vor allem markierte die Disputation einen Endpunkt, denn es waren die vielleicht letzten beiden Stunden in der Geschichte des zwanzigsten Jahrhunderts, in denen das *Denken* als entscheidend empfunden wurde, bevor dann das geistabtötende NS-Regime dem intellektuellen Diskurs ein Ende bereitete, ihn durch eine Ära der Propaganda und *fake news* ersetzte, die die finale Phase dieser Endmoderne charakterisiert und heute noch auf uns ausstrahlt. Und Heidegger machte mit. *The times they were a-changin'*.

FÜNFTES KAPITEL

»Die Lungenkrankheit ist nur ein
Aus-den-Ufern-Treten der geistigen Krankheit.«
Franz Kafka

Der Diktator von Davos

Jene ordnungsliebenden Deutschen, von denen Clawdia Chauchat gesprochen hatte, stellten auch in den Dreißigerjahren das stärkste Ausländerkontingent in der zur Kleinstadt angewachsenen Kommune im Hochgebirge, 15 Prozent der Einwohnerzahl. Mehr denn je spielten die Leute aus dem Nachbarland eine entscheidende Rolle in dem einst von einem Mannheimer erfundenen Kurort: Sie sprachen die gleiche Sprache, mischten wirtschaftlich wie kulturell kräftig mit und bald auch politisch.

So waren mit der Zeit einflussreiche deutsche Institutionen gewachsen: Im *Fridericianum*, dem Internat im Davoser Zentrum, lernten die Pennäler zwar nicht den verpönten *Zauberberg*, dafür wurden sie mit rechtslastigen Inhalten gefüttert, die nördlich der Grenze an Popularität gewannen. Mehrere bettenstarke Sanatorien bildeten die Zentren der Exildeutschen: die Deutsche Heilstätte, die Deutsche Klinik und vor allem das Deutsche Kriegerkurhaus, wo Hunderte Versehrte der Reichswehr ihre Wunden aus dem Ersten Weltkrieg leckten, ihre malträtierten Lungen kurierten.

An solchen Orten, den hierarchisch geführten Volksheilstätten, verbreitete sich nun vermehrt ein anderes, viel schlimmeres Übel als die Schwindsucht: der Nazismus, der unter kranken Deutschen, die nichts anderes zu tun hatten, als herumzuliegen und sich in politischem Palaver zu ergehen, idealen Nährboden fand. Auch die Anstalt von Dr. Turban, mittlerweile Ehrenbürger der Gemeinde und durch seine autoritären Manieren beim Durchsetzen der strikten Liegekurregeln vom »Tuberkulosepapst« zum »Tuberkulosetyrannen« mutiert, galt als »Burg des Deutschtums«.

Abgeschlossen von der Welt, manifestierte sich in diesen *Heil*stätten, in denen Hygiene alles galt und die sich vor Keimen und fremden Einflüssen abschotteten, eine dunkle Version des *Zauberbergs* als Brutstätte der rechten Ideologie. Von der Angst vor Ansteckung war es nicht weit zu einem faschistoiden Gesundheitswahn. Die Idee der Heilung durch die Natur, die Kräfte von Sonne und sauerstoffarmer Höhenluft, war an solchen Orten in eine ungute Geisteshaltung gekippt, die in den Juden gefährliche Krankheitsherde zu erkennen glaubte, passend zu der Hetze von Hitler, der vom »Judentum als Rassentuberkulose der Völker« sprach. Der gesamte Ort, zuvor kosmopolitischer Schmelztiegel, driftete nach rechts.

Doch nicht Turban wurde mit dem Spitznamen des »Diktators von Davos« belegt, dies kam einem anderen zu, einem groß gewachsenen Norddeutschen mit Namen Wilhelm Gustloff, der 1917 als Tuberkulosepatient gekommen war. Hatte er sich seinen Aufenthalt zunächst mit Schneeschippen verdient, dann über eine Hausmeisterstellung beim Physikalisch-Meteorologischen Observatorium, dem PMOD, an dessen erstem Standort, der Villa Dora, er die Parterrewohnung bezog, begann er Anfang der Dreißigerjahre als Parteimitglied der ersten Stunde seinen gesellschaftlichen Aufstieg. Obgleich von Zeitzeugen als »schüchterner, nicht ernst zu nehmender Funktionär« geschildert, war der beflissentliche Biedermann ein geschickter Netzwerker. In seiner vermeintlichen Gutmütigkeit lag der Schlüssel seines effektiven Engagements: kein hasspredigender Scharfmacher, sondern ein Soft-Nazi und gemütlicher Typ, der sich nicht aufdrängte und sich bei den ebenso gemütlichen Schweizern wachsender Beliebtheit erfreute, mit allen gut konnte. Zudem wollte es sich niemand mit ihm verscherzen, da sein Einfluss auf die wichtige deutsche Gemeinde immer größer wurde. Das Ein-

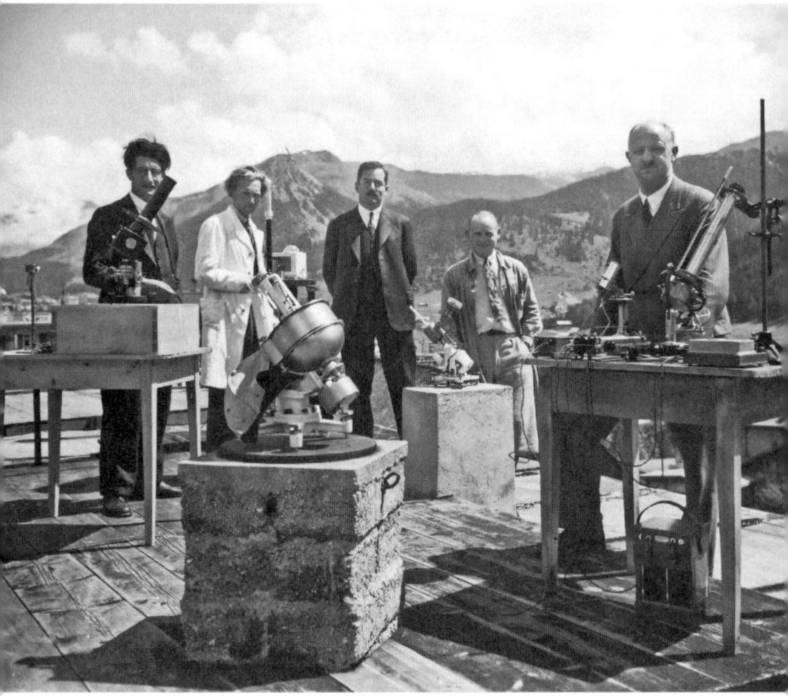

Männer vermessen die Welt:
Nazi Gustloff (rechts außen) mit Apparaten und Kollegen auf dem Dach des PMOD.

zige, was die Leute an ihm störte, war die Tatsache, dass er im Garten der Villa Dora sein Radio laut aufdrehte, wenn deutsche Humptata-Musik lief oder eine »Führer«-Rede.

Bereits 1931, als Hitler von der Macht noch weit entfernt schien, bekleidete Gustloff mit Verve das höchste NSDAP-Amt in der Schweiz, obwohl von einem Auslandsengagement der rechtsradikalen Partei anderweitig kaum die Rede sein konnte. So harmlos er nach außen wirkte, bereitete er alles für den Tag X vor und richtete einen offiziellen Nazistützpunkt ein, den ersten in der Schweiz. Zur »Ortsgruppe Davos« kamen bald eine »Zelle Deutsches Kriegerkurhaus«, eine »Zelle Deutsche Heilstätte«, ein »Standort Hitlerjugend«, ein »Standort Bund Deutscher Mädel«, eine »Deutsche Kolonie«, ein »NS-Opferring«, eine »NS-Frauenschaft«, die »Deutsche Arbeitsfront« sowie eine »NS-Sportgruppe« hinzu. Unter Gustloffs Führung tobte sich die Vereinshuberei der Deutschen im Kurort aus, unter braunen Vorzeichen.

Später offenbarte der zum »Landesvertrauensmann für die Schweiz« ernannte Gustloff, dem sämtliche Ortsgruppen, Stützpunkte und Einzelmitglieder in der Eidgenossenschaft »unterstellt« wurden, sein wahres Gesicht. Seinen Fanatismus formulierte er so: »Ich liebe auf der Welt am meisten meine Frau und meine Mutter. Wenn aber mein Führer mir befähle, sie zu töten, so würde ich ihm gehorchen.« Auch die eigene Unversehrtheit schien ihm weniger wichtig als blinder Gehorsam: »Wenn der Führer mir befiehlt, mich zu diesem Fenster hinaus (…) zu stürzen, so tue ich das ohne Besinnen.« Stundenlang saß er in der Stube und starrte auf das Hitler-Porträt an der Wand, um daraus Kraft zu schöpfen. Auch ideologisch betätigte er sich und verquirlte Kapitalismuskritik mit Krankheitsmotiven zu rechter Weltanschauung: »Der Nationalsozialismus sieht in den schweren Krisen unserer Zeit nur Symptome eines inneren Zerfalls. Er sucht hinter den unmittelbar fassbaren Schäden die tiefere Ursache zu fassen: Jenen Materialismus, für den Wirtschaftsprofit, organisierte Spekulation und Rentabilität Begriffe geworden sind, die alle, selbst die edelsten Belange menschlichen Lebens, bestimmen.«

Mit der Machtergreifung Hitlers am 30. Januar 1933 legte Gustloff, der an diesem Tag seinen 38. Geburtstag feierte – und in der Synchronizität ein Zeichen sah –, einen Gang zu. Nun ging es darum, den Weltkurort »gleichzuschalten«. Widerstand gab es zunächst nicht, die neue Ära wurde in der Schweiz verharmlosend wahrgenommen: »Sprünge wird die Welt auch Hitlers wegen nicht machen«, hieß es in der *Davoser Zeitung*, und zwei Wochen später bezeichnete das Blatt Hitler als »Retter Deutschlands, als Retter Europas«. Schon aus wirtschaftlichen Gründen schätzte man die deutsche Klientel zu sehr, seit Jahrzehnten loyale Gäste in der Schweiz, um die Gefahr erkennen zu wollen. Gustloff nutzte dies aus, und eine umfassende Überwachung aller Deutschen begann, egal ob Bewohner oder Kurgäste. Sogenannte »Sprechabende« organisierte er, an denen teilzunehmen Pflicht war, sonst gab es Druck. Da saßen dann 500 Deutsche in einem angemieteten Saal oder einem der deutschen Sanatorien, sangen das Horst-Wessel-Lied, lauschten einem Vortrag über die nationalsozialistische Bewegung. »Ein Deutscher, der sich vier Wochen lang nicht meldet bei diesen Sprechabenden, wird auf Meldeformular nach Deutschland gemeldet und hat sich über sein Fernbleiben zu verantworten«, berichtete ein lokaler Polizist. Üblicherweise schlossen die Abende mit der Aufforderung: »Kaufe nur bei Deutschen, wenn das nicht geht, bei Schweizern, aber nur deutsche Ware.«

Als ein lokaler Buchhändler den 1935 außerhalb von Nazideutschland erschienenen Tatsachenbericht »Moorsoldaten« von Wolfgang Langhoff über die Zustände in einem Konzentrationslager in seinem Schaufenster ausstellte, wurde sein Laden

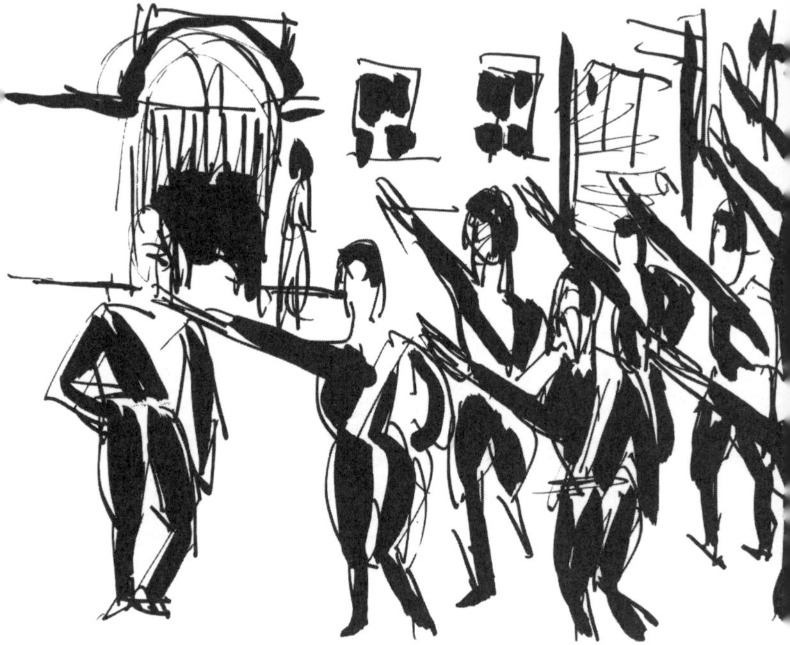

Kirchner-Skizze aus Davos: Eindrücke vom deutschen Geist.

boykottiert, und Deutsche, die dennoch dort einkauften, ließen sich das Einwickelpapier umdrehen, damit das Signet des Buchladens nicht nach außen zeigte. Auf der Promenade des Kurortes flogen die Arme immer häufiger nach oben, und Deutschen, die sich solcher Bekundungen enthielten, schickte Gustloff Drohbriefe und Fragebögen ins Haus. Die Adressen, auch von Neuzugezogenen, die auf Linie zu bringen waren, spielte ihm ein Kontakt im Kurverein zu. Ausgestattet mit einer wachsenden Kartei seiner Landsleute, baute Gustloff sein Kontrollregime aus, verlangte von allen in der Schweiz lebenden Deutschen eine Zwangsabgabe an die Partei von zwei Franken monatlich, dem heutigen Wert von etwa 25 Franken. Über dem *Fridericianum*, der deutschen Schule im Zentrum, flatterte die Hakenkreuzfahne. Aufsatzthemen wie »How to make the British people understand that the Germans are ›ein Volk ohne Raum‹?« beschäftigten die Schülerinnen.

Wie im »Dritten Reich« gehörten feierliche NS-Kundgebungen zur neuen Normalität, die Hitlerjugend zog mit Fahne umher, Marschklänge schallten durch das Landwassertal. Zur Überwachung der Schweizer Presse hatte sich Gustloff ein typisch nationalsozialistisches System ausgedacht: In jeder NS-Ortsgruppe der Eidgenossenschaft wurde ein

Pressewart ernannt, der die Publikationen aus seiner Region auswertete und die Ergebnisse in die braune Zentrale Davos schickte. Diese Pressewarte mussten »alle wichtigeren Artikel für und gegen das neue Deutschland herausschneiden (…) und mit eventuellen Bemerkungen und Stellungnahmen (…) senden«. Rückenwind für solche Infiltration erhielt Gustloff von den Schweizer Behörden: Um Konflikte mit dem mächtigen Nachbarn zu vermeiden, wurde seine Einflussnahme unterstützt. Als die angesehene *Neue Zürcher Zeitung* einen NS-kritischen Beitrag veröffentlichte, wurde sie flugs für zwei Wochen geschlossen, und am 26. März 1934 entschied der Bundesrat in Bern: »Preßorgane, die durch besonders schwere Ausschreitungen die guten Beziehungen der Schweiz zu anderen Staaten gefährden, werden verwarnt. Bei Nichtbefolgung der Verwarnung wird ihr Erscheinen auf bestimmte Zeit verboten.« Dies meinte im Besonderen: »Angriffe und kritische Pressestimmen betreffend den Führer (…), das Dritte Reich beziehungsweise Deutschland allgemein«.

Die Selbstzensur und Anbiederung betraf nicht nur die Medien, sondern auch die Kultur. Das von Erika Mann, der Tochter von Katia und Thomas, gegründete Kabarett »Pfeffermühle« mit seinen NS-kritischen Darbietungen erhielt 1934 Auftrittsverbot in Davos. Dort war gerade der erste Skilift der Welt feierlich eingeweiht worden, ein Bügelschlepplift, und man freute sich auf wachsende Besucherzahlen – antifaschistische Kunstdarbietungen wurden deshalb als potenziell störend empfunden. In der Begründung gegen die »Pfeffermühle« hieß es: »Die Tendenz des Cabarets ist offensichtlich gegen die Verhältnisse des Dritten Reichs gerichtet. Nun besitzt aber der Kurort Davos eine prozentual starke ansässige deutsche Kolonie, wie wohl keine andere Schweizergemeinde, und ist außerdem stark von deutscher Klientel besucht, welche beiden Bevölkerungskomponenten außer allem Zweifel mehrheitlich auf dem Boden des gegenwärtigen Staatsregimes stehen. Die kulturelle Bedeutung des Cabarets kann vom Kleinen Landrat aber unmöglich so hoch eingeschätzt werden, dass es sich rechtfertigen würde, durch die Bewilligung von Gastspielen die Beziehungen innerhalb der Einwohnerschaft unserer Gemeinde trüben zu lassen.« Zudem schulde der Kurort der Familie Mann seit dem »schädigenden Roman *Der Zauberberg* eh keine besondere Dankespflicht«, schloss der Landrat – eine späte Rache an Thomas Mann, vor allem aber ein Armutszeugnis für einen Ort, in dem nur sechs Jahre zuvor Albert Einstein für Toleranz plädiert hatte. Heideggers in Davos proklamierte

Geisteshaltung von der angeblich dem Menschen innewohnenden Unfähigkeit zur Verständigung manifestierte sich nun.

Unverhohlen stand an der Hauptstraße des Ortes ein Schild, das den Weg zur neuen Residenz des »Davoser Gauleiters« am Kurpark wies. Auch auf die Sanatorien übte der Alpennazi immer größeren Druck aus und erreichte, dass für SA- und SS-Mitglieder je sechsmonatige Gratisaufenthalte möglich wurden. Zwar hatte die NS-Gesundheitsführung in Berlin dem Abfluss deutscher Gelder in Kliniken außerhalb des Reiches den Riegel vorgeschoben, doch gelang es Gustloff, »die Versicherungsträger und die amtlichen Stellen, die über Kurzuschüsse an erkrankte Beamte des Staates und der Gemeinden zu entscheiden haben, anzuweisen, dass unsere Anstalt bei der Gewährung von Kuren und Kurbeihilfen den innerhalb der Reichsgrenzen gelegenen Heilanstalten gleichgeschaltet wird«, wie es zum Status der Deutschen Heilstätte hieß. Ab März 1935 wurden die germanischen Sanatorien »als lebensnotwendig für die deutschen Interessen erklärt«. Für solche Lobbyarbeit erhielt Gustloff Einladungen in die Aufsichtsgremien mehrerer Institute, saß im Vorstand der Deutschen Heilstätte und des Deutschen Kriegerkurhauses, kassierte multiple Honorare. Kritisch gesinnte Mitarbeiter solcher

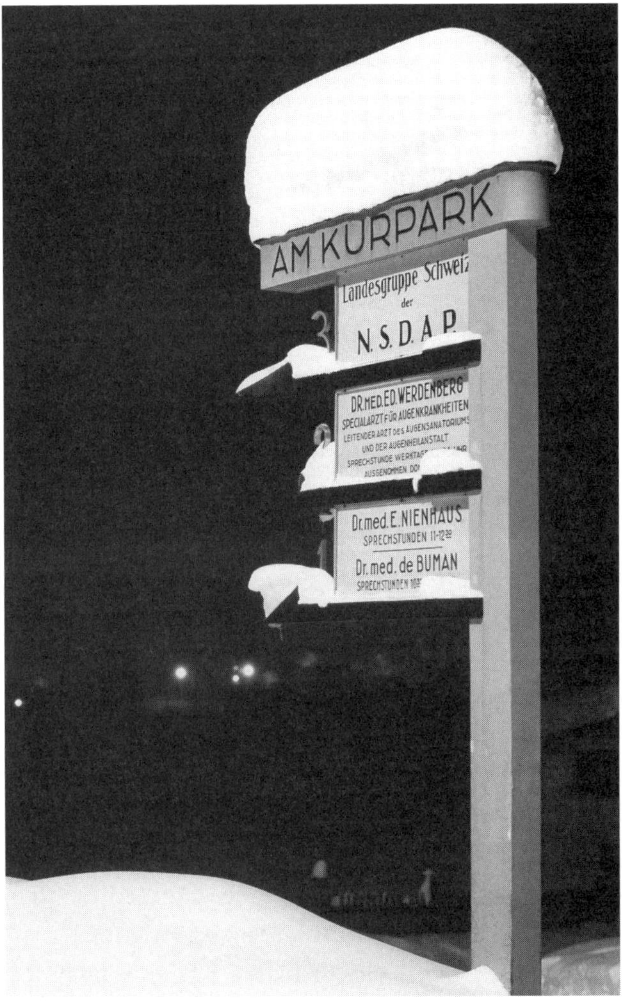

Sogar noch über den Ärzten stehend:
das Wegweiserschild zum Diktator von Davos.

Etablissements wurden peu à peu durch regimetreue ersetzt. Auch das Waldsanatorium, wo einst Katia Mann gekurt hatte, leitete mittlerweile ein NSDAP-Mitglied.

Auf solche Weise missbrauchte Gustloff die Internationalität des Ortes, wo es Konsulate Großbritanniens, Frankreichs, Hollands, Portugals und Italiens gab, um NS-Propaganda über die Grenzen des Reiches hinweg zu verbreiten: eine schleichende Aushöhlung seines demokratischen Gastgebers. Mehrere Dutzend Ortsgruppen, Stützpunkte, Standorte der Hitlerjugend und des Bundes Deutscher Mädel machten sich unter seiner Führung in diesen frühen Dreißigerjahren überall in der Eidgenossenschaft breit, organisiert in den drei Kreisleitungen Ost-, Mittel- und Westschweiz und einer eigenen Kreisleitung in der Hauptstadt Bern – ein Staat im Staat.

Mit der Zeit gab es Gegenstimmen: »Die nationalsozialistischen Ortsgruppen in der Schweiz schießen wie Pilze aus dem Boden«, warnte eine Presseagentur. Forderungen nach Ausweisung des Parteigenossen wurden erstmals laut. Allmählich wachte das Alpenland aus seinem politischen Dornröschenschlaf auf. »Liegt Davos in der Schweiz?«, fragte ein Leserbrief in einer Graubündner Zeitung sarkastisch und stellte die Frage, ob dem weltoffenen Kurort nicht bald die Gäste von außerhalb Deutschlands fernbleiben würden, genervt von so viel NS-Propaganda. Als Gustloff sogar Vereidigungen auf seinen »Führer« abhielt, dessen erklärtes Ziel es war, alle Deutschsprechenden zu einem Großdeutschland zu vereinen, erreichten die Vorgänge die Hauptstadt Bern. War dadurch nicht »eine deutsche Amtshandlung auf Schweizer Gebiet« vollzogen, um die in der Schweiz lebenden Deutschen weniger den lokalen Gesetzen gegenüber zu verpflichten denn einem ausländischen Staatschef? Wurde hier sogar klammheimlich eine Annexion vorbereitet? Die Sozialdemokratische Partei im Großen Rat des Kantons Graubünden warf die Frage auf, »ob der beamtete Sekretär des Physikalisch-Meteorologischen Observatoriums Davos, einer unter Aufsicht des Bundes stehenden Anstalt, in seiner Eigenschaft als Leiter der NSDAP für die Schweiz in Davos und von Davos aus (…) nicht zuletzt die Interessen der bündnerischen Fremdenindustrie in hohem Maße gefährdet«.

Doch der Bundesrat, der sich später »großartige Naivität« unterstellen lassen musste, verglich die von Fahnenpomp begleiteten Vereidigungen mit den Feierlichkeiten und dem Bratwurstessen von Schweizern im Ausland zum Nationalfeiertag am 1. August. Ein Verbot der NSDAP, zu dem die Opposition aufforderte, wurde verworfen, da man wirtschaftliche Nachteile befürchtete. Auch hatten die Schweizer Sozialdemokraten die Rechnung ohne die lokalen Hoteldirektoren gemacht, die aus Angst vor Einbußen eine Ausweisung Gustloffs ablehnten, da dies deutsche Gäste verschrecken und dem Winterreiseverkehr schaden könne. Die Deutschen machten 40 Prozent der Bettenbelegung aus, und es wurde befürchtet, dass Gustloff Nachricht in die Heimat sende, dass das Klima in Davos, also das politische, ungünstig sei. Auch der Polizeivorsteher des Ortes Johann Badrutt, per Du mit dem Obernazi, sprach sich gegen Sanktionen aus: »Wir vermögen in der Tätigkeit, die Herr Gustloff hier entwickelt, keine Schädigung der Kurortsinteressen zu erblicken. Er ist vorsichtig, sachlich, kein Hetzer und kein Fanatiker und ist vom Wohlergehen unseres Kurortes stark abhängig. (...) Herr Gustloff wurde attestiert, dass ihm das Wohl und Wehe des Kurortes am Herzen liegen muss.«

Ein Jude erschießt einen Nazi

Doch es gab jemanden, der nicht so zögerlich agierte. »Ich kann das Unglück des jüdischen Volkes nicht länger ertragen«, schrieb der Medizinstudent

David Frankfurter: »Es nimmt mir die Lebensfreude.« Ebenso feinfühlig wie zunehmend nervös nahm der 26-Jährige die gesellschaftliche Fieberkurve wahr: Von der Ermordung des deutschen Außenministers Walter Rathenau zu den Nürnberger Rassengesetzen und den ersten Pogromen gegen Juden im NS-Staat – die Temperatur stieg, das politische Klima heizte sich auf, ein letaler Ausgang drohte. Es sah nicht gut aus für den angegriffenen jüdischen Patienten, und David war, nachdem jemand seinen Onkel, einen promovierten Arzt, im Winter 1933 auf offener Straße in Berlin am Bart gezogen hatte, in die Schweiz geflüchtet, weil er sich vorstellen konnte, dass es beim Bartziehen nicht bleiben würde. Doch auch dort sah er immer mehr Hakenkreuze Jackenaufschläge zieren.

Lange fiel ihm nicht ein, auf welche Weise er sich wehren sollte. Was konnte ein Einzelner schon tun? Dann lernte er in der Berner Universitätsbibliothek einen Kommilitonen kennen, der Bakterienforschung betrieb, ihm im Labor der medizinischen Fakultät Streptokokken auf die Hand strich, um sie mit einem neuen Präparat zu bekämpfen, jenem Penicillium-Pilz, der acht Jahre zuvor in London entdeckt worden war. Mittlerweile wurde an den Hochschulen weltweit nach einem Antibiotikum geforscht, um endlich die Tuberkulose kurieren zu können, doch noch immer war nichts auf dem Markt. Während des Versuchs verstand David Frankfurter plötzlich, was er tun konnte, und er fasste einen ungeheuerlichen Plan: Er würde selbst ein solches Antibiotikum sein – und den *Superspreader* unschädlich machen, jene Person, die die Krankheit des Rassenhasses in der Schweiz verbreitete. Noch hatte es niemand gewagt, gegen die NS-Diktatur bewaffneten Widerstand zu leisten; überall in Europa war die Hitlerregierung mehr oder minder akzeptiert und längst nicht als Kriegsgefahr eingestuft. Doch er würde dies ändern, ein Fanal schaffen: »Ich war entschlossen, eine unübersehbare Tat mit hinüber zu nehmen in die Welt der Wahrheit.« Er würde der Allererste sein, der die Weltöffentlichkeit aufmerksam machte und zeigte, dass sich die Juden die entwürdigende Behandlung nicht gefallen ließen. Für die Eidgenossenschaft sollte seine geplante Tat einen direkten Zweck erfüllen: »Ich wollte die freie Schweiz, die mir Gastrecht gewährt und in der ich wahrhaft demokratische Menschen kennengelernt hatte, vor dem Schicksal der Nazifizierung und endlichen Einverleibung ins Nazi-Höllen-Reich bewahren.«

In einer Gasse der Berner Altstadt sah David eines Nachmittags im Schaufenster der *Schwarzschen Büchsenhandlung* einen »Haufen billiger Revolver und dazugehöriger Munition ausgestellt«. Der Preis überraschte ihn: eine »Kleinigkeit von zehn Franken, nicht viel mehr als man zum Ankauf eines Hemdes benötigt«. Weder Ausweis noch Waffenschein musste er vorlegen, es war »wie eine Schachtel Zigaretten kaufen«. Die Verkäuferin erklärte ihm den Mechanismus der Pistole Kaliber 6.35 und packte Patronen dazu.

An einem Wintertag des Jahres 1936 besuchte er den Schießstand im benachbarten Ostermundigen. »Ein Bursche, der dort angestellt war und in eine Mulde steigend den Stock mit der Scheibe hielt, half mir gegen ein kleines Trinkgeld bei meiner einzigen Vorübung.« Die Hand des Medizinstudenten zitterte, als er den Revolver hob und vor sich die konzentrischen Kreise sah – und hinter diesen ein verhasstes Antlitz auftauchte, mit »kurzem schwarzem Schnurrbart und öliger Haarsträhne, die bis tief an das rechte Auge in die Stirn gekämmt war«. Sechs Mal drückte er ab, zwei Mal traf er ins Schwarze, zerfetzte den Schnurrbart. Keine schlechte Leistung, wenn man bedachte, dass er ein ungeübter Schütze war.

Am 31. Januar 1936 hinterließ er seiner Freundin einen Zettel: »Liebe Linny, ich bleibe abends fort. Näheres später. Herzliche Grüße, David.« Am gleichen Tag löste er am Schalter des Berner Hauptbahnhofs ein Billett, einfache Fahrt. Das war für seine Destination nichts Ungewöhnliches. Viele Patienten, die nicht wussten, ob sie je zurückkehrten, hielten es beim Ticketkauf nach Davos ebenso. Als Gepäck führte David Frankfurter nur eine Aktenmappe bei sich – und den Revolver. Am Zürich- und am Walensee entlang ging die Fahrt nach Landquart, wo er in die Rhätische Bahn umstieg. Es dämmerte, als er gegen 16 Uhr ankam. Über einen halben Meter hoch lag der Schnee. Im Hotel Metropol-Löwen nahm er ein Zimmer, »in nächster Nähe des Bahnhofes, Post und Telegraph – Altrenommiertes bürgerliches Haus – Große Säle für Vereine und Gesellschaften – Bäder im Hause – Anerkannt gute Küche – Reelle Weine – Mäßige Preise – Portier am Bahnhof – Telephon«, wie es in der Reklame hieß. Er ließ sich das Fernsprechbuch geben, wählte die Nummer von Wilhelm Gustloff. Dessen Gattin nahm ab und erklärte, dass ihr Mann zu einer Vortragsreise unterwegs sei: »Gestern hielt er eine Rede in Zürich und heute Abend in Bern.«

»In Bern?«

»Ja, wieso fragen Sie?«

»Ich bin selbst aus Bern«, antwortete David. »Und ich wollte ihn heute treffen. Deshalb bin ich extra hierhergereist.«

»Nun, wenn Sie jetzt zurückfahren, erwischen

Sie ihn auch nicht mehr, weil morgen ist er schon in Glarus. Er hat ja so viele Verpflichtungen als Landesvorsteher.«

»Wissen Sie, wann er wieder zu Hause ist?«

»Natürlich weiß ich das, am Montagabend.«

David legte auf und ging hoch auf sein Zimmer. Es war gerade einmal Freitag. Reichte solange sein Geld für die Übernachtung? Auch hatte er keinerlei Wechselwäsche mitgenommen. Würde er früher abreisen müssen, aus Kostengründen? War diese Aktion nicht ebenso zum Scheitern verurteilt wie sein Medizinstudium? Und dieser Selbstzweifel … war das nicht eine zutiefst jüdische Eigenschaft – oder saß er, wenn er so dachte, bereits den Vorurteilen der Nazis auf? Dafür hasste er sie am meisten: dass sie die Wahrheit so erfolgreich durch Lügen ersetzt hatten und so dreist diese Lügen zum Gesetz machten. Nervös lief er in die Schankstube hinunter, bestellte einen Kaffee aufs Zimmer. Er saß auf dem Bettrand, Stift in der Hand und eine Zigarettenschachtel, als der Hotelangestellte das Gewünschte brachte. David bedankte sich, gab ein Trinkgeld, wartete, bis der Junge verschwunden war. Er schüttete von der guten Davoser Milch in die Tasse. Die Zigarette dazu war köstlich. Mit Schwung setzte er den Stift an, um seinen Plan auf der Zigarettenschachtel festzuhalten.

Danach schaute er die *Davoser Blätter* durch. Was würde er unternehmen bis Montag? Vielleicht am *Duplikat Bridge* im Hotel Carlton teilnehmen? Oder beim Pingpong-Turnier im Hotel Derby? Alles Quatsch, er würde für sich bleiben an diesem merkwürdigen Ort, der in der Hochsaison vor Menschen nur so brummte. *Bumsvoll,* wie es hier hieß, waren die Sanatorien, die Hotels ebenso. Die Schatzalpbahn, deren Fahrtzeiten abgedruckt waren, verkehrte zu Stoßzeiten im 10-Minuten-Takt. Der Skisport hatte mächtig zugelegt, vor allem wegen der neuen Parsennbahn, die ihre Frequenz auf 235 000 Personen pro Jahr steigerte. Der Ort boomte, die deutschen Touristen liebten ihn. Ja, Davos war in germanischer Hand. Das beabsichtigte David zu ändern.

Er beschloss, sich etwas umzuschauen, und lief die Promenade entlang, bis er einen quadratischen, an drei Seiten von Kolonnaden eingefassten Platz erreichte – jenen, an dem wir Dekaden später unsere Ramen-Suppen löffelten. Hier standen Liegen, und darauf lagen die Deutschen in der Sonne herum, päppelten sich auf für neue Untaten. Da es bald Abend war und nicht mehr lange dauern würde, bis die ersten drei Sterne sich zeigten und der Schabbat begann, fragte er sich zum Etania durch, dem einzigen jüdischen Sanatorium im Ort.

»Einen schönen guten Abend, gestatten, mein Name ist David Frankfurter.« Er zog den Hut und verbeugte sich.

»Ein neuer Patient?«, fragte die Krankenschwester, die ihm öffnete.

David zögerte. »Nein, ich bin Mediziner. Aus Bern. Dürfte ich mit dem Direktor sprechen? Vielleicht könnte ich im Frühjahr hier als Assistenzarzt tätig sein. Wären Sie so freundlich, mir einen Rundgang zu gestatten? Ich würde auch gerne ihre Synagoge besuchen.«

Er überlegte, während er betete, wieso er die Schwester angeschwindelt hatte, und kam nur wieder zu dem Schluss, dass es an seiner Unsicherheit liegen musste. »Gott, steh mir bei!«, stieß er aus. Aber wäre es nicht tatsächlich besser, am Etania als Assistenzarzt zu beginnen, statt ein Verbrechen zu begehen? Doch wenn die Nazis so weitermachten und sich ihnen niemand entgegenstellte, gab es vielleicht das Etania bald nicht mehr. Dann war alles Jüdische irgendwann verschwunden. Was, wenn die Infiltration durch Gustloff immer weiterging, bis auch die Schweiz zu einem judenfeindlichen Land verkommen war?

In der Nacht schlief David kaum, obwohl er eine Veronal genommen hatte. Am nächsten Morgen blieb er stundenlang in seinem Hotelzimmer, stierte vor sich hin. Schrieb einen Brief an seinen Vater, der Rabbiner in Slawonien war: »Ich habe den Glauben an mich und die Menschheit verloren! Ich kann nicht mehr weiter! Mein letzter Wunsch ist, Du mögest wenigstens Kaddisch für mich sagen. (...) Lebe wohl.« Immer wieder schaute er das Foto von Wilhelm Gustloff an, um ja nicht den Falschen zu erwischen. Nicht auszudenken, er würde einen Unschuldigen treffen, einen unbescholtenen Schweizer Bürger zum Beispiel. Später ging er nach draußen zur Sportarena, wo Hochbetrieb herrschte: Die Weltmeisterschaften im Eisschnelllaufen fanden statt auf dieser größten künstlichen Eisbahn Europas. Doch David konnte das fröhliche Treiben nicht genießen. Obgleich er sich mitten darin befand, fühlte er sich schon weit entfernt. Er schaute sich das Eishockeyspiel Davos gegen Zürich an. Neben ihm stand ein Deutscher, der irgendwann zu seinem Filius sagte: »Ein schnelles, hartes Kampfspiel, mein Sohn!« Die Davoser gewannen fünf zu eins. Jedes Mal, wenn der Schiedsrichter laut in seine Trillerpfeife blies, schreckte David zusammen.

Endlich war Montag. Doch es fiel ihm ein, dass *Dienstag* ein Glückstag war, nach jüdischer Auffassung jedenfalls, und um die ging es hier ausnahmsweise einmal, und so zögerte er sein Vorhaben um weitere 24 Stunden hinaus.

Am Dienstag, dem 4. Februar 1936, einem eiskalten Tag mit Höchsttemperaturen von minus sechs Grad, fand das Schlittenrennen um den Preis von Davos statt. Am Abend, nach dem Essen, versank der Ort in Stille: Liegekur. Das war die Zeit der lokalen, Davos-spezifischen Andacht, und auch jene, die nicht daran teilnahmen, hielten Ruhe ein. Die Luft war glasklar, der beinahe volle Mond ging auf, eine riesenhafte Erscheinung in Rosagelbrot, wie auf einem Gemälde von Kirchner, die Berge fast erschrocken, strahlten in Silber, Grün und Blau. David betete: das *Widduj*, das Sündenbekenntnis, bei dem er vor Gott gestand, Verfehlungen begangen zu haben, das *Schma Israel*, das wichtigste Gebet des Judentums, das den Glauben an die Existenz des einen und einzigen Gottes bezeugt. Als Letztes das *Kaddisch*, das Trauergebet, wobei ihm nicht klar war, um wen er trauerte: seine zwei Jahre zuvor verstorbene Mutter oder bereits um sich selbst. Um Gustloff jedenfalls nicht. Gegen halb acht Uhr verließ er den Metropol-Löwen. Auf dem harten, unter seinen Füßen knirschenden Schnee der Promenade spiegelten sich das Rot und Blau der Kinoreklame: *Fräulein Veronika*, eine Schmonzette von Veit Harlan, der vier Jahre später in Goebbels' Auftrag den perfiden antisemitischen Propagandastreifen *Jud Süß* filmen würde.

David lief in Richtung »Dorf«, als er unerwartet auf jüdische Bekannte stieß, eine Mutter mit ihrer Tochter. »Ja, was machen Sie so ganz allein hier, Herr Frankfurter?« Die Dame sah ihn an.

»Ach«, antwortete David, der sich darüber wunderte, dass es dies alles noch gab: wohlhabende jüdische Damen, die hier zur Kur weilten. Sorglose Menschen, deren Ferientag zwischen Promenade und Fünfuhrtee verlief. »Mich locken die schneebedeckten Berge. Ich mache jetzt noch einen Abendspaziergang.«

»Möchten Sie einmal Tee mit uns trinken?«

»Furchtbar gerne«, sagte David freundlich und sah zu der Tochter hin, die etwa vierzehn war. In was für einer Welt würde sie groß werden, einer faschistischen oder einer freien? Höflich empfahl er sich und ging weiter, etwa zwanzig Minuten lang, bis er zu einem Wegzeiger kam, den er schon kannte, noch ein kleines Stück an einer Holzvilla vorbei, der Praxis eines Zahnarztes, der längst Feierabend hatte – jenes Gebäude, in dem heute die Dokumentationsbibliothek untergebracht ist.

David bog nach rechts unten ab und erreichte einen halbkreisförmig geschwungenen Granitbrunnen. Dort hielt er inne, trank einen Schluck von dem kalten, klaren Wasser und las die Notizen auf seiner Zigarettenschachtel, wo noch das ursprüngliche Attentatsdatum vermerkt stand: »Montag 3.11.36 ½10 muss die Verurteilung ausgeführt werden. Vorher anrufen und fragen, ob er zuhause ist. (…) Revolver in der rechten Tasche des Rockes, nicht im Überzieher, bereit zum Schießen. Sobald ich im Zimmer bin, plötzlich herausziehen und schießen, in den Kopf, oder in die Brust. 3 Schüsse.«

An schneebehangenen Fichten vorbei blickte er auf das hellblau getünchte Gebäude mit dem flachen Dach unterhalb der Straße: Am Kurpark 3. Ein Mehrfamilienhaus, worin die Gustloffs die Wohnung im zweiten Stock gemietet hatten, rechte Seite. Auch hier kein Giebel, der die Sonneneinstrahlung behindert hätte, große Fenster, Balkon. Es war kurz nach 20 Uhr, schon spät, um bei Fremden an einem Winterabend vorstellig zu werden. David Frankfurter zog »die Feder des Revolvers auf und hatte scharf geladen«. Dann stand er auf, lief die paar Schritte zum nicht abgeschlossenen Eingang. Daneben war ein Schild angebracht: »Gustloff NSDAP«. Er läutete und trat ein.

Eine Frau beugte sich über das Geländer des zweiten Stockes und fragte nach seinem Begehr.

»Ist Herr Gustloff zu Hause, und kann ich ihn sprechen?«, hörte David seine eigene Stimme wie die eines Fremden in dem Treppenhaus widerhallen.

»Ja«, antwortete Frau Gustloff zögerlich. Sie

hatte sich schon auf den gemeinsamen freien Abend mit ihrem Mann gefreut, der gestern spät zurückgekehrt und nicht mehr dazu gekommen war, ihr von seiner Vortragsreise zu erzählen. Doch für Besucher war er immer zu sprechen. Es konnte ja ein Volksgenosse in Not sein.

David stieg die Treppen nach oben.

Frau Gustloff, eine kurvige Mittdreißigerin, »nicht hübsch, aber durchaus nicht abstoßend«, wie er sie später beschrieb, ließ ihn herein. Sie würde zu Protokoll geben, dass er gut gekleidet gewesen sei; nur den Hut habe er zu tief im Gesicht getragen.

»Bitte warten Sie im Büro meines Mannes. Er telefoniert noch mit dem Stützpunkt Thun.«

»Vielen Dank, gnädige Frau«, sagte David und trat in den langen Flur. Da sah er Wilhelm Gustloff. Der stand mit dem Rücken zu ihm, eine riesenhafte Gestalt, und sprach in die Muschel.

Linker Hand ging David ins Arbeitszimmer, Gustloffs Gattin schloss die Tür hinter ihm. Der Raum, mit breiten Fenstern zum Kurpark, besaß eine weitere Tür, die ihn mit dem Esszimmer verband. Sie war nur angelehnt, weshalb David das Telefongespräch zwar nicht direkt mithören konnte, doch immer wieder drangen Wortfetzen zu ihm.

Er setzte sich auf einen Stuhl, seine Hand um die

Waffe gekrampft. Sein Blick fiel auf ein gerahmtes Hitlerbild, unter dem eine persönliche Widmung stand: »Meinem lieben Gustloff. Adolf Hitler«. Unter diesem Porträt hing der »Ehrendolch« Gustloffs, mit dem eingravierten Schriftzug »Blut und Ehre«.

Zierpflanzen wuchsen in Töpfen: auf der Anrichte, auf einem Tisch. Auf dem Schreibtisch zudem eine Vase mit Blumen. Ein großer Teppich auf dem Parkett, ein kleinerer vor dem Schreibtisch. Schick eingerichtet, modern.

David fingerte an seiner Waffe herum. Fünf ewige Minuten vergingen. Er wurde nervös, suchte nach einer Ausrede, um sich aus dem Staub zu machen. Da hörte er aus dem Flur Gustloff am Telefon sagen: »Mit diesen werden wir noch fertigwerden, mit diesen Schweinehunden und den Kommunisten.« Möglicherweise sagte Gustloff aber auch: »Diesen Schweinejuden und Kommunisten werden wir's schon zeigen.« Vielleicht sogar beides; David konnte sich später nicht genau erinnern. Eine rasende Wut stieg in ihm hoch. Gustloff legte den Hörer auf die Gabel, fragte seine Frau nach dem Besucher, drückte die hintere Tür in sein Arbeitszimmer auf. Zunächst warf sich sein Schatten herein, dann füllte er den Türrahmen vollständig aus, riesengroß, breitschultrig, und kam mit überraschend elastischem Schritt herein. »Da bin ich!«, rief er zur Begrüßung. Kein Wort fiel sonst zwischen den beiden, doch das reichte. Es war alles gesagt. David holte die Waffe aus der Tasche, richtete sie auf den Hünen und drückte ab. Doch der Mechanismus knackte und versagte, eine Patrone fiel zu Boden. Gustloff stürzte auf ihn zu. David wich einen Schritt zurück, um den Tisch mit den Blumen herum, und drückte nochmals ab. Jetzt krachte es im Zimmer. Und als er sah, dass er getroffen hatte, schoss er noch mal. Und noch mal. Und ein viertes Mal. Gustloff brach zusammen, fiel nach vorne. Wie viele Steine hatte David gegen Goliath geschleudert, fünf? Ein fünfter Schuss ging in die Wand, traf aber nicht das Hitlerbild. David rannte in den Flur und hörte, wie Frau Gustloff schreiend durch die andere Tür in das Arbeitszimmer stürzte.

Den rauchenden Revolver in der Hand, eilte David zur Wohnungstür hinaus und die Treppen hinunter. Menschen, aufgeschreckt von den Schüssen und Hilferufen, kamen aus den Nachbarwohnungen. »Platz, oder ich schieße!«, rief David und bedrohte alle, die sich ihm in den Weg stellen wollten.

Die Kühle der Nacht umfing ihn. Wenige Meter hinter dem Haus stapfte er im Zickzack durch ein Schneefeld. Es war jetzt still, nur in seinen Ohren brauste es, und das Herz hämmerte ihm in der Brust. Der Schnee lag hoch, und er warf sich nieder, presste sein Gesicht hinein wie in ein Kissen. Er stand auf, bahnte sich einen Weg zur Rückseite des Grundstücks, wo der Kurpark begann. Über ihm flimmerten die Sterne. Kalt war es. Vor ihm ragte das Denkmal für Alexander Spengler auf, den Davos-Erfinder: *Der Atmende,* eine nackte Bronzefigur mit stolzgeschwellter Brust, die Hände links und rechts auf den Rippen liegend, den Kopf leicht im Nacken. *Atmen, einfach nur atmen* – David war jetzt auch nichts anderes als ein Atmender. Alle Anspannung der letzten Jahre hatte sich in diesen Kugeln verdichtet und war nach vorne geschnellt und in dem Körper von Gustloff zur Ruhe gekommen. Jetzt blieb nur noch, dass er sich selbst richtete. Sein Lebenswerk war vollbracht. Wie es vom Publikum aufgenommen würde, lag nicht mehr an ihm. Die Geschichtsschreiber würden das finale Urteil über ihn fällen. Ob sie ihm eines Tages ein Denkmal errichteten wie Spengler? Wieder legte er sich in den Schnee, fiebernd, setzte die Waffe am Herzen an. Doch er schaffte es nicht. Er positionierte den Revolver an der Schläfe und schloss die Augen. Aber auch das ging nicht. Er rappelte sich wieder auf. Der feuchte Schnee klebte an seinen Kleidern. Er steckte die Waffe ein, ging fröstelnd ein paar Schritte vor und zurück, in dieser gespenstisch klaren Nacht, in der er ein Gespenst erlegt hatte.

Eine Weile lang schaute er sich Spenglers Bronzepenis an, aber war es überhaupt *Spenglers* Penis? Auch auf den Hoden lagen kleine Häufchen von Schnee. *Er* hatte Chuzpe gezeigt, heute Abend, der junge Herr Frankfurter. Er hatte einem gottverdammten Obernazi das gegeben, was dieser verdiente: die Kugel. Noch immer stand er vor dem hohen, pyramidal sich verjüngenden Betonsockel und sah zu dem *Atmenden* empor. Gustloff atmete jetzt nicht mehr. Dessen Gesundheit war der Aufenthalt in Davos letztlich abträglich gewesen. David, in dem das Blut trotz der Kälte heiß kochte, wandte sich um und ging auf die hellblauen Häuser zu. Wenn er es nicht schaffte, sich selbst zu richten, sollte die Schweizer Justiz für seine Strafe zuständig sein. Im Nachbarhaus, links von der Gustloff'schen Wohnung, sah er Licht. Er klingelte. Ein uraltes Männlein machte auf, seine nicht minder greisenhafte Gattin kam vorsichtig hinter ihm hergetrippelt. David wollte die beiden nicht aufregen, fragte mit erzwungener Gleichgültigkeit, ob er telefonieren könne. Er wurde zum Apparat geführt, schlug die Nummer des Polizeireviers nach und wählte.

»Sie wissen sicher schon, was im Kurpark Nr. 3 vorgefallen ist. Hier können genaue Angaben gemacht werden, schicken Sie sofort jemanden hierher.« Er legte auf und verließ die Wohnung, um vor dem Eingang auf die Polizei zu warten. Doch die Ungeduld trieb ihn weiter. Er zündete sich eine Zigarette an und lief zwanzig Minuten lang wie in Trance über die Promenade zurück bis zur Polizeiwache im Rathaus, wo er am Fenster läutete. Ein junger Wachtmeister sah zum Schalter heraus und fragte nach seinem Begehr.

»Sie werden wohl gehört haben, was vorgefallen ist im Haus am Park Nummer 3«, stieß David erneut hervor, kalten Schweiß auf der Stirn: »Ich bin selbst der Täter.« In hastigen Zügen rauchte er zu Ende. Es fühlte sich so an, als wollten seine Füße, die ihn bis hierhin getragen hatten, jetzt versagen. Irgendwo sich ruhig niederlassen, verschnaufen nach den furchtbaren Erregungen der letzten Stunde, das war der einzige Wunsch, der ihn erfüllte. Aber an Ruhe war nicht zu denken. Noch glaubte ihm der junge Polizist nicht, forderte ihn auf zu beweisen, dass er Gustloff erschossen hatte. David griff in seine Manteltasche und holte den Revolver hervor. Jetzt begriff der Beamte, und er fragte erstaunt: »Sind Sie sich der Tragweite Ihrer Tat bewusst?«

»Ja, vollkommen. Und ich bereue auf keinen Fall, was ich getan habe. Ich hasse die Nazis inbrünstig, weil ich ein Jude bin.«

Der Polizist brachte David in den großen Sitzungssaal im Rathaus und informierte den Direktor des Deutschen Kriegerkurhauses, damit »ein kompetenter deutscher Zeuge« anwesend sein würde.

Irgendwann später wurde die Leiche gebracht, der Tod durch Schussverletzung der Halsschlagader und Bluteinbruch in die Hirnkammern festgestellt. Frau Gustloff traf ebenfalls ein. Sie wirkte gefasst, doch war an ihren roten Augen zu erkennen, dass sie geweint hatte. Als sie David sah, identifizierte sie ihn sofort: »Das ist der Täter!« In einer überraschenden Geste legte sie ihm die Hand auf den Kopf und sagte, noch unter Schock: »Sie sehen ja so gut aus. Sie haben so gute Augen! Warum haben Sie das getan? Haben Sie ihn denn persönlich gekannt? Wenn Sie ihn gekannt hätten, hätten Sie es nicht getan. Warum haben Sie es gemacht?! War es aus persönlichen Gründen?«

»Nein.«

»Aber warum denn dann?«, fragte sie mit wachsender Erregung.

»Weil ich ein Jude bin«, antwortete David ruhig. »Das sollte genügen.« Und sich an die Polizisten wendend: »Ich habe den Nazi-Agenten ermordet, weil er hier die Luft verpestet hat.« Da verlor die Witwe die Beherrschung. Dass es ausgerechnet ein Jude war, der ihren Mann umgebracht hatte, konnte sie nicht ertragen: »Der Jud, der Jud, der Jud«, schrie sie empört, konnte sich gar nicht mehr beruhigen und musste hinausgeführt werden.

Einer der Beamten brachte David in den Rathausturm, wo unterm Dach eine eiskalte, winzige Zelle wartete: »Eine Pritsche mit einem Strohsack, ein halb zerbrochener Wasserkrug und eine verbeulte Emailschüssel war die ganze Einrichtung. Durch ein kleines vergittertes Fensterchen blickten die Sterne herein.«

Die *Davoser Blätter*, die drei Tage nach dem Mord erschienen, berichteten in ihrem Leitartikel über das Parsenn Ski Derby, erwähnten die Bluttat jedoch mit keinem Wort, vielleicht weil sie sich auf Unterhaltungsthemen konzentrierten, ganz sicher aber auch, weil es nicht gut fürs Geschäft war. Das würde ja den Anschein erwecken, als sei man als Nazi in Davos nicht mehr sicher. Dafür hatte die Schweizerische Kreditanstalt, heute Credit Suisse, eine Annonce geschaltet, ebenso das deutsche Gymnasium Fridericianum: »Ideale Stätte zur Kräftigung der Jugend, Erreichung der gesundheitlichen und Schulziele ohne Zeitverlust. – Moderne, mus-

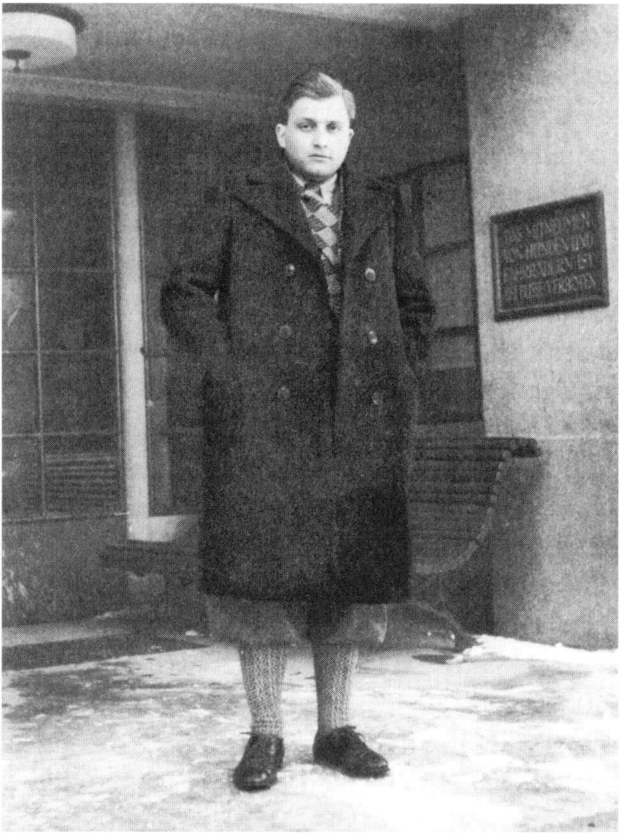

Erschoss einen Nazi:
David Frankfurter vor dem Davoser Rathaus kurz nach der Tat.

tergültige, hygienische Einrichtungen. – Kranke ausgeschlossen.«

Die Schweiz verhielt sich gespalten. In Zürich wurde die Nachricht auf einer Massenveranstaltung frenetisch begrüßt, doch die meisten Eidgenossen schienen bekümmert: Würde es jetzt Ärger geben mit den Deutschen? In Davos machte man sich Sorgen um den Fremdenverkehr. Kein Schweizer könne der Mittäterschaft bezichtigt werden, da Frankfurter »als Jude und Slawe eine ganz andere Mentalität als die Schweizer« habe, versicherte Bundesrat Motta: »Wir sind aufs schwerste betroffen darüber, dass auf Schweizerboden eine Tat begangen wurde, deren Ruchlosigkeit eine Beleidigung der Traditionen unseres Landes bedeutet.« Der Davoser Bürgermeister, Landammann Erhard Branger, versandte ein Beileidsschreiben an das deutsche Konsulat in Bern: »Unheilvoller Fanatismus allein konnte den Täter zu seiner verabscheuungswürdigen Tat treiben, die unsere gastliche Erde befleckt hat. (...) Ich gebe dem Wunsche Ausdruck, dass das blinde Walten des Schicksals die gegenseitigen freundschaftlichen Gefühle von Land zu Land und Staat zu Staat nicht zu trüben vermöge.«

Die Nazispitze in Deutschland reagierte mit reger Anteilnahme auf das Attentat. Die braune Bewegung basierte auf dem Tod, benötigte ihn, denn aus vergossenem Blut wuchs der Hass, die verzweifelte Sumpfblüte des Nationalsozialismus. Hitler, Hess, Goebbels, Ribbentrop sendeten je ein Blumengebinde, und nachdem der Leichnam feierlich überführt worden war, fand ein Staatsbegräbnis statt, erst das zweite des »Dritten Reichs«, das erste hatte Präsident Hindenburg erhalten. Für die Veranstaltung unterbrach Hitler sogar seinen Besuch bei den geliebten Olympischen Winterspielen in Garmisch-Partenkirchen und reiste ins verregnete Schwerin, die Heimat des frischgebackenen »ersten Märtyrers der Bewegung im Ausland«, hielt bei der pompösen Trauerfeier eine Rede, die Thomas Mann in seinem Tagebuch als »wahren Schreikrampf von Unsinn und Lüge« bezeichnete. Ein riesiges Kreuzfahrtschiff der NS-Ferienorganisation *Kraft durch Freude,* das kurz darauf vom Stapel lief, deutlich größer noch als die *Titanic,* und das ursprünglich *Adolf Hitler* hätte heißen sollen, wurde in dessen Anwesenheit *Wilhelm Gustloff* getauft.

Gleichzeitig geschah etwas Ungewöhnliches. Die Schweiz wachte aus ihrem Dauerdämmer auf, besprach, was vorgefallen war, und zog Konsequenzen. Zwei Wochen nach dem Mord wurden Landesleitung und Kreisleitungen der NSDAP sowie alle Zellen verboten, sämtliche NS-Funktionäre des Landes verwiesen. Einen »Gauleiter Schweiz«, wie

Gustloff ihn repräsentiert hatte, würde es nie wieder geben. Dieses Ziel hatte David Frankfurter erreicht, der von einem Gericht in Chur 18 Jahre Haft bekam, aber 1945 begnadigt wurde – und nach Israel zog.

Ein Denkmal wurde dem jungen Widerstandskämpfer bis heute nicht errichtet. Als sich 2021 in Davos eine Initiative für eine Gedenktafel bildete, wurde der Vorschlag vom Kleinen Landrat abgelehnt. Das Attentat sei »zu komplex, um auf einer Infotafel zusammengefasst zu werden«.

SECHSTES KAPITEL

»Es ist eine grausame Luft dort unten, unerbittlich.
Wenn man so liegt und es von weitem sieht,
kann es einem davor grauen.«

Thomas Mann

Das Ende des Skifahrens

Hinter dem Städtchen auf den tief verschneiten Hängen tummelte sich die internationale Gesellschaft der Skifahrer, die hier bei Wintersport und Wettkämpfen Erholung und Vergnügen suchte. Zum ersten Male in meinem Leben konnte ich hier einen Skilift beobachten, welcher die Touristen gegen entsprechende Gebühr den Hang hinauffuhr, um ihnen den mühseligen Aufstieg zu ersparen. Hinunter ging es dann in rasender Gleitfahrt, wobei der frische Pulverschnee in langen Wolken hinter den Läufern her wehte. Freude und Freiheit lagen wie bitterer Hohn vor meinen Augen.«

So beschrieb David Frankfurter seinen Blick aus dem Kerkerfenster des Davoser Rathauses. Hätte er in die Zukunft schauen können, wären beinahe 90 Jahre später in seinem Sichtfeld Suki und Lana aufgetaucht, eingeschrieben in der Skischule am Fuße des Jakobshorns, dem »Fun Mountain« auch für Snowboarder, wo sich an diesem Morgen unzählige Kinder, Jugendliche und Erwachsene tummelten, um per Lift den Berg hochzufahren. Ich wartete mit den beiden auf ihren Skilehrer Hansi und nutzte die Zeit, ihnen von David Frankfurter zu erzählen, zeigte ihnen auch das Kerkerfenster. »Lowkey stark«, kommentierte Suki, und als ich nachfragte, was sie damit meine, sagte sie, dass sie es richtig fände, wenn die Nazis eins auf die Mütze bekämen. »Faschos, das geht ja so gar nicht«, stimmte Lana ihr bei und zog sich noch einmal die Lippen nach.

»Also war es gut, dass David einen von ihnen abgeknallt hat?«

»Krass auf jeden Fall«, sagte Lana. »Aber klar, wenn er Jude war und sich wehren wollte …«

Ja, David Frankfurter hatte sich gewehrt, er hatte eliminiert. Noch einmal sah ich zu seinem Kerkerfenster hin. Aber was kam seitdem? Haben wir eine Gesellschaft errichtet, die uns schützt gegen totalitäre Strukturen und faschistoides Verhalten wie gegen Antisemitismus? Fünf junge Chinesinnen und auch die beiden, laut Sukis Beschreibung »stinkreichen« Araberinnen hatten sich mittlerweile zu uns gesellt. Hunderte Menschen in bunten Skiklamotten standen überall in der Gegend herum und plauderten, lachten, formten Gruppen für ihren Skitag. Immerhin: Diese Szene in ihrer Internationalität war nur möglich, so schien es, weil Widerstand geleistet, die Demokratie gestärkt worden war. Doch welches Handeln können wir entwickeln, um dies auch weiterhin zu garantieren, welche Weltanschauung bringt diese Menschheit in die kommenden Dekaden und darüber hinaus? Wird es gelingen, all das zu bewahren und *allen* zu ermöglichen: diesen unbändigen Spaß, den das Leben auf der Erde bedeuten kann? Derweil bewegten wir uns in ein Vakuum hinein, das der Westen nicht mehr füllte, und die Antworten des Ostens fielen noch unbefriedigender aus, da sie wie Rückschritte wirken, wegführen von der Demokratie, für die Frankfurter sein Leben wagte. Die *Gen Z* ist gefragt, von sich selbst bereits als *Letzte Generation* bezeichnet – junge Menschen wie Suki, Lana, Lone, die Chinesinnen und Araberinnen: Antworten müssen gefunden werden, sonst ist der Untergang tatsächlich nah.

Da kam Hansi auf uns zu, braun gebrannt sowie kurz vor seiner Pensionierung, ein wettergegerbter Instruktor, der das Skifahren sicher schon Hunderttausenden beigebracht hat. »Wie machen sich die beiden?«, fragte ich ihn, und er nickte lächelnd, antwortete mit lokaler Färbung: »Da hab ich gar keine Sorgen. Die machen sich wunderbar!« Ich verabschiedete mich von Suki und Lana, schon zog die Gruppe aufgeregt in Richtung Lift.

Ihnen nachsehend, nahm ich das großartige Panorama des ungewöhnlichen Ortes in mich auf. Viel war passiert seit den Schüssen am Kurpark, dem Untergang des Nationalsozialismus und Ende des Zweiten Weltkrieges. Durch die Erfindung des Penicillins und weiterer Antibiotika konnte Tuberkulose ab den späten Vierzigerjahren geheilt werden, und Liegekuren brauchte kein Mensch mehr. Die gut zwei Dutzend Sanatorien waren flugs zu Touristenhotels mutiert, Spucknapfdepots zu Fonduestuben, aus Sterbezimmern wurden Fernsehräume. Die Pionierleistungen im Wintersport, die Sir Arthur Conan Doyle befeuert hatte, bildeten die Basis für eine erneute Transformation von Davos, das seinen Platz einnahm als eine der Geburtsstätten des modernen Wintermassentourismus, bald als größter Bergsportort überhaupt galt, mit dem, so das weiterhin aktive Propagandabüro, »weltbesten Gästeprogramm«. Katia Mann stellte bei ihrer Stippvisite 1968 fest: »Heute ist Davos ja gänzlich verwandelt.« Immer mehr Lifte erkletterten die Hänge, Abfahrten wurden planiert, regelrechte Skiautobahnen in die Berge gelegt, die dazugehörigen Großparkplätze und Touristenabfütterungsstationen gebaut, Apartmenthäuser für Ferienwohnungen aus dem Boden gestampft, historische Holzgebäude abgerissen und durch Beton ersetzt. Was würde Heidegger wohl erst zu *dieser* architektonischen Situation verlautbaren? Aus dem Mekka der Schwindsüchtigen war eines für Immobilienbesitzer geworden.

Doch nicht nur der kleine Bergort hatte sich verändert, sondern die gesamte Welt und in Folge sogar das Klima. Es war dies bei unserem Skiurlaub 2023 der schneeärmste Februar aller Zeiten, die Schneemengen lagen 70 bis 80 Prozent unter dem Vorjahr; so hatte es das ortsansässige Institut für Schnee- und Lawinenforschung berechnet. Auf dem Weissfluhjoch, wo seit 80 Jahren Messungen stattfinden, gab es auf 2500 Höhenmetern statt der üblichen 180 Zentimeter gerade einmal einen Meter des mittlerweile kostbaren Weiß. Nur durch den aufwendigen Einsatz von rund 400 sogenannten »Schneeerzeugern«, die ungeheure Mengen an Energie und Wasser verbrauchen, konnten die Pisten der Parsenn überhaupt befahrbar gehalten werden. Das schnuckelige Skigebiet oberhalb der Schatzalp war während unseres Aufenthaltes bereits geschlossen, dort standen keine Kanonen, es war nicht hochgerüstet worden, da aufgrund der geringen Größe nicht rentabel. Auch die von Thomas Mann besungene Schlittenbahn ins Tal, auf die sich die Mädchen schon gefreut hatten, zu Sanatoriumszeiten der Weg, den die Leichen nahmen, war nicht mehr nutzbar, überall Gras und Schotter statt einer weichen, weißen Bahn.

Wer jetzt noch das Skifahren erlernt und Gefallen daran findet, wie Suki, Lana oder Lone, wird in kommenden Dekaden immer höher gelegene Plätze aufsuchen, immer mehr Geld dafür hinlegen, einen immer intensiveren Aufwand betreiben müssen – und nur dort fahren können, wo Kanonen stehen. Nicht mehr gleißende Berge werden die Teenager von heute morgen vorfinden, sondern sich auf künstlich hergestellten Abfahrtsbahnen tummeln, eingerahmt von grünbraunem Matsch, in dem Hunderte von Kilometern an Stromleitungen für Beleuchtung, Beschallung und Beschneiung vergraben liegen. Zwar wird das Skifahren auch in zwanzig Jahren technisch möglich sein, doch ob ihm noch diese anfängliche Lässigkeit eines Sir Arthur Conan Doyle innewohnt, die ungezwungene Eleganz, auf zwei Brettern einen Abhang hinabzugleiten und dabei Nähe zur Natur zu empfinden? Unter solchen Gesichtspunkten betrachtet, ist das Skifahren ein absurder Sport geworden: Indem wir ihn betreiben, dafür also anreisen, uns Ausrüstung besorgen, in Hotels absteigen, Lifte benötigen sowie die vermaledeiten Beschneiungsanlagen, schaffen wir die klimatischen Voraussetzungen für ihn ab. Wer mit dem Heli auf den Gletscher fliegt, um die Zeit dort oben zu genießen, zerstört ihn dadurch, und wenn es keine Gletscher mehr gibt, was in wenigen Jahrzehnten der Fall sein wird, kann das Wasser nicht mehr am Berg gespeichert werden: Es gibt dann nur noch Überschwemmung – oder Dürre.

Noch empfinden wir es als normal, nicht etwa als moralisches Vergehen, in die Skiferien nach Davos zu reisen, doch symbolisiert dieser Sport die Endmoderne auf besonders krasse Weise. Die letzten Reste Schnee schmelzen unter unserem ökologischen Fußabdruck dahin, und hinsichtlich des Krankheitszustandes der Welt hat sich seit Erscheinen des *Zauberbergs* nichts gebessert, im Gegenteil. Jener Schwanengesang, den Thomas Mann anstimmte, scheint mehr denn je zeitgemäß. Der Untergang vollzieht sich noch immer. *Der Zauberberg* beschrieb damals nicht den Endpunkt einer Ära, sondern warf vielmehr ein Schlaglicht auf einen Prozess, der nicht abgeschlossen ist, aber sich unerbittlich einem dramatischen Wendepunkt nähert. Und was kommt dann?

Ich überlegte, wie ich mit Suki darüber sprechen sollte, wenn sie am Abend von ihrer Tour mit Hansi zurückkehrte, doch eines schien klar: *The Party is over.* Dies ist die finale Talfahrt; danach kommt die Streckenkontrolle und nimmt den Schaden auf.

Hotboxen im Kaiserzimmer

Fußbodenheizung hatte es schon bei den Römern gegeben, dann war diese Technik zweitausend Jahre lang in Vergessenheit geraten, bis sie im von Holsboer finanzierten Schatzalp-Sanatorium, 1900 eröffnet, wieder Verwendung fand. Auch eine weitere Neuerung gab es damals, und diese hatte der deutsche Kaiser Wilhelm II. angeordnet, der von 1905 bis 1918 ununterbrochen drei Zimmer der Schatzalp anmietete, um jederzeit einen Zufluchtsort zu haben, sollte er zusätzlich zur Großmanns-, auch an der Schwindsucht erkranken. Bei jener Innovation handelte es sich um *private* Badezimmer, so etwas hatte es vorher in den Hotels in Europa nicht gegeben, doch der Imperator wollte es sich für den Ernstfall an nichts fehlen lassen. Immerhin: Um dem Staatssäckel Kosten zu sparen, gestattete er der Schatzalp, diese Suiten während seiner (permanenten) Abwesenheit weiterzuvermieten – *Sharing Economy*.

Ich wollte mir diese Kaiserzimmer am Ende des langen Ganges einmal anschauen und hatte von Anne den Tipp bekommen, einfach hineinzugehen, da sie derzeit nicht belegt seien und dann auch nicht abgeschlossen würden. Dass ich nicht der

Einzige war, der sich dafür interessierte, bemerkte ich in dem Augenblick, als ich die doppelten Türen nacheinander öffnete. Nicht den Kronleuchter an der Decke sah ich zuerst, nicht das schöne Bett aus Kirschbaumholz oder den geschwungenen Schreibtisch, die Biedermeiersessel und den Zugang zu dem noch original eingerichteten Bad mit den verchromten Armaturen, sondern Suki, Lana und Lone, alle drei schon für das Abendessen herausgeputzt und mit etwas zu viel Schminke im Gesicht. Da fläzten sie sich auf dem kaiserlichen Ottomanen, und Lana hielt etwas in den lackierten Fingern mit den künstlich verlängerten Nägeln, eine Selbstgedrehte, die nicht nur nach Tabak roch. Die Reaktion der Teenagerinnen auf mein unerwartetes Eintreten glich der einer Hühnerschar, wenn der Fuchs den Stall betritt, und es dauerte einen Moment, bis ich sie beruhigt und ihnen glaubhaft vermittelt hatte, dass von mir kein Ärger zu erwarten war.

»Aber wieso ausgerechnet hier?«, fragte ich verwundert.

»Na, weil hier kein Feuerdingsbums ist«, antwortete Lana, die den Joint mittlerweile ausgedrückt hatte. »Kein Rauchmelder. Die haben alles original so gelassen, wahrscheinlich Denkmalschutz oder so … Deshalb kann man hier hotboxen.«

»Hotboxen?«, fragte ich verständnislos.

Die jungen Damen schauten sich an. »Das ist, wenn alle Fenster zu sind, und dann staut sich der Rauch, und es wird … immer wärmer«, antwortete Lana grinsend.

»Ach, Papsi«, sagte Suki, die sich gefangen hatte und, offenbar um vom Thema abzulenken, zu einem verschnörkelten Heizkörper ging, der zusätzlich zur Fußbodenheizung eingebaut und in den mittig eine Klappe eingelassen war. Diese öffnete sie und nahm ein kleines Kissen heraus. »Eine Wärmflasche. Mit Kirschkernen gefüllt. Für die Kaiserin.«

»Auch so eine Hotbox«, sagte ich und nickte in Richtung der Klappe.

»Lowkey«, meinte Suki.

»Lowkey?«

Jetzt musste sie lachen: »Du bist wirklich zu alt, was die deutsche Sprache angeht. Dabei bist du doch Schriftsteller!«

»Na, ich fände es jedenfalls ultra-lowkey, wenn ihr wenigstens auf den Balkon gegangen wärt«, sagte ich: »Und du weißt doch, dass ich dir das Kiffen nicht erlaube.«

»Ich hab ja auch nix geraucht«, sagte Suki und sah mich mit ihren großen Augen an, die tatsächlich keine Spur einer Rötung aufwiesen.

»Das stimmt«, bestätigte Lana. »Und ich darf. Meine Mutter hat es mir in Ausnahmefällen gestattet. Ich bin ja auch schon fünfzehn. Und hier im Kaiserzimmer ist ein Ausnahmefall.«

»Sozusagen Geschichtsunterricht«, sagte Lone und grinste mich mit ihrer Spange an.

Ich sagte dazu nichts, da ich verstanden zu haben glaubte, dass es beim Erziehen Pubertierender vor allem auf unendliches Fingerspitzengefühl ankommt – und dass strenge Regeln oder Zurechtweisungen häufig weniger fruchten als Toleranz und der Versuch, durch Verständnis den unabänderlichen Lauf der Dinge doch noch einen Deut zu beeinflussen. Ganz nach dem Motto, das Suki mir nahegebracht hatte: *Strict parents raise sneaky kids*. Ohnehin musste ich anerkennen, dass Suki mir gegenüber offen war hinsichtlich des für Berliner Schülerinnen so prekären, weil stets präsenten Themas Drogen – und welche Teenagerin war ihren Eltern gegenüber in diesem Punkt schon ehrlich? Da ich zwei Bücher verfasst hatte, die sich mit den Auswirkungen von Drogen auf die Geschichte beschäftigen, galt ich bei ihr als Experte. Auf diese Weise hatte sich Suki zur Ansprechpartnerin innerhalb ihres Freundeskreises entwickelt, wo psychedelische Substanzen wie MDMA, LSD, Zauberpilze, aber auch die süchtig machenden Amphetamine oder Kokain, sogar das lebensgefährliche Opioid Fentanyl heiß diskutiert wurden. Meine Haltung hierzu war eindeutig: keine illegalen Drogen unter 18, doch wusste ich auch, dass dies realitätsfern war, und betrieb deshalb ehrliche, kritische Aufklärung.

Wir gingen auf den kaiserlichen Balkon und tranken Limo, die die Mädchen für ihren kleinen Ausflug mitgebracht hatten. Die Sonne war noch nicht untergegangen und warf an der Bergkante entlang ihre letzten, angeblich so heilenden Strahlen auf unsere aufglühenden Gesichter, während aus dem Wald das Zwitschern von Amseln kam. Es rührte mich, diesen Gesang über dem schon frühlingshaften, dabei an Stellen noch winterlich verschneiten Tal zu hören – und wie die Mädchen, ebenfalls zwitschernd, in diesen einstimmten.

Dass sie sich mit mir hinsetzten – wo sie sonst jeden Moment nutzten, um unter sich und ohne Erwachsene zu sein –, bedeutete mir etwas, und ich empfand plötzlich intensiv die Verantwortung, Vater einer 14-jährigen Tochter zu sein. Was konnte ich ihr beibringen in einer Welt, die an allen Ecken brannte? Was benötigte sie von mir, welche Regeln, Gedanken, Impulse? Und was lernte ich im Gegenzug von ihr? Es hatte eine Weile gedauert, bis ich ein neues Verhältnis zu Suki aufgebaut hatte, eines, das ihrem Alter gerecht wurde. Vor nicht allzu langer Zeit war mir beinahe über Nacht eine junge Dame entgegengetreten, über die ich im Grunde keine Macht mehr besaß, jedenfalls nicht mehr die totale Macht, die Eltern über kleinere Kinder notwendigerweise ausüben. Suki hatte es mir seitdem ein paarmal gesagt, und zwar stets äußerst gelassen, als stelle sie eine unumstößliche Tatsache fest: dass ich sie zu gar nichts mehr zwingen könne. Wenn sie wolle, würde sie sich einfach nicht an meine Vorgaben halten – oder schlichtweg verschwinden. So harsch dies klang, da war etwas dran: Mir standen, wenn ich es genau betrachtete, herzlich wenig Druckmittel zur Verfügung. So etwas wie Taschengeld streichen empfand ich als kindisch, das würde mir nicht ernsthaft in den Sinn kommen. Glücklicherweise beunruhigten mich diese neuen Verhältnisse nicht, im Gegenteil, ich liebte es regelrecht: dieses neue Gleichgewicht, das sich entwickelte zwischen Tochter und Vater. Die Beziehung zu Suki war spannender geworden und reicher – unsere Gespräche vielschichtiger, interessanter. Ich empfand dies alles als einen enormen Zugewinn in meinem Leben. Ich hatte immer gehört, die Teenagerzeit (vor allem bei Mädchen) sei schrecklich, die Hölle auf Erden, doch dem war bislang überhaupt nicht so.

»Und, wie ging's mit Hansi heute?«, fragte ich.

»War entspannt«, antwortete Suki. »Wir haben Pizza gelernt. Kann ich jetzt schon richtig gut.«

»Wie bitte?«

»Na, wie man halt die Ski vorne so zusammenmacht, damit man den Berg runterkommt.«

»Ah«, sagte ich. »Früher hieß das *Pflug*.«

»Heute heißt das Pizza«, sagte Suki und fügte unvermittelt an: »Also, ich will das jetzt wissen: Was schreibst du gerade für ein Buch? Erzähl ein bisschen.«

»Eins ohne Drogen«, antwortete ich spontan. »Oder so gut wie ohne.«

»Um was geht's dann?«, hakte sie nach.

»Darum, wie Thomas Mann seinen Davos-Aufenthalt von der Steuer abgesetzt hat.«

»Häh?«, entgegnete sie. »Versteh ich nicht.«

»Um das Ende der Moderne geht's. Den Abschluss einer Ära. Also unserer gegenwärtigen Lebensweise.«

»Fühl ich nicht so. Kommen wieder Nazis drin vor?«

»Ja«, sagte ich.

»Dann verkauft sich's«, sagte Suki. »Heidi oder Nazi, das geht immer.«

»Heidi Klum?«, fragte Lana.

»Nein, die vom Berg«, antwortete Suki. »Die mit

dem Geißenpeter. Weißt du noch, Papsi, wie wir geheult haben im Kino?«

»Das werde ich nie vergessen«, sagte ich. »Jetzt sagt mal: Was wollt ihr eigentlich mal werden?«

»Bankerin vielleicht«, antwortete Lana nach einigem Zögern.

»Ich auch«, schloss sich Lone mit wenig Enthusiasmus an.

»Und du?«

»Das weißt du schon: was mit Immobilien«, antwortete Suki.

»Wie Emmas Mann oder was?«, fragte ich und biss mir auf die Zunge.

»Ich will reich werden, das ist das Wichtigste«, sagte sie.

»Das hab ich dir aber nicht beigebracht ...«

»Hast du nicht?«, entgegnete Suki ironisch. »Indem du mit mir in die Skiferien nach Davos fährst? Ach, Papsi ...!«

Ich nahm einen Schluck von meiner Biolimo und dachte nach. Jede Generation hinterlässt ihren Kindern eine andere Welt, als sie selbst von ihren Eltern geerbt hat. Seit Ende des Zweiten Weltkrieges konnte diese Entwicklung stets als Fortschritt interpretiert werden, und machte nicht gerade dies die Moderne aus? Doch genau das kam an sein Ende, weil die Erde zur Hotbox wurde, zum geschlossenen Raum, in dem sich die Wärme staut … Oder täuschte ich mich? Für die drei, die da vor mir saßen, fing das gesellschaftliche Leben ja erst an. Krisen, die ich wahrnahm, waren für sie womöglich irrelevant. Sicher wäre es falsch, von ihnen zu erwarten, dass sie aktiven Widerstand leisteten wie David Frankfurter, denn gegen was nun genau? Und was tat beispielsweise ich? Sie lebten in der Gegenwart, und zwar intensiv – nicht in der Vergangenheit – und auch nicht in der Zukunft. Vielleicht waren meine Sorgen lediglich *meine* Endzeit, mein endgültiger Abschied vom Jungsein. Die einzige mir daraus schlüssige Konklusion: Ich nahm mir vor, so viel Zeit wie möglich mit Suki zu verbringen. Weil das für mich selbst am allerbesten war – und für Suki vielleicht auch. Unwillkürlich musste ich erneut daran denken, dass Thomas Mann nicht zur Beerdigung seines ältesten Sohnes Klaus gefahren war. Zu so einer Entfremdung zwischen uns sollte es nie kommen.

»Die Geschichte *hinter* dem *Zauberberg* schreibe ich«, sagte ich nun. »Die ganze Geschichte.«

»Klingt okay«, sagte Suki. »*Zauberberg* ist zwar langweilig, dafür berühmt. Aber schreib nicht so viele Seiten, sonst quälst du vielleicht eines Tages die Schüler.«

»Nein, nein«, sagte ich. »So viel fällt mir dazu gar

nicht ein.« Ich trank meine Limo aus und stand auf. »Und morgen gehen wir zusammen Ski fahren!« Dann ließ ich die Grazien allein.

World Economic Fiction

Die Aussage meiner Tochter, einfach nur reich werden zu wollen, wurmte mich. Von mir hatte sie ein solches Ideal nicht – und auch ihre Mutter lebte für andere Ziele. Hatte das Gespenst des Kapitalismus Suki und ihre Freundinnen heimgesucht? Ich hatte als Jugendlicher mein Leben als politisch aufgefasst, mich hier und dort engagiert, bei Greenpeace oder Amnesty International, ob dies nun sinnvoll war oder nicht. Aber so etwas interessierte Suki nicht die Bohne. Offenbar machte sie sich hinsichtlich eines sozialen, klimatischen oder generell politischen Engagements keine Illusionen. Hatte das damit zu tun, dass unser gegenwärtiges System konkurrenzlos schien? Waren Alternativansätze genauso vom Aussterben bedroht wie zahllose Tier- und Pflanzenarten?

Ich spazierte vor dem Dinner durch die Dämmerung vor dem Hotel und sah hinunter ins Tal. Dabei fiel mir eine ältere Dame mit bläulich gefärbtem Haar auf. Wie sich herausstellte, war sie eine echte Davoserin, und nachdem wir ins Gespräch gekommen waren, erzählte sie mir, sie sei nur ausnahmsweise mit der Standseilbahn zur Schatzalp hochgefahren, um mit ein paar angereisten Freunden zu Abend zu essen. Normalerweise wäre das nichts für sie, dieser Luxustrubel. Dann erzählte sie mir vom *World Economic Forum*, und ich horchte auf.

Was sie dabei immer wieder verwundere, meinte sie, während ihr Haar einen unwirklichen Schimmer in die Dunkelheit zauberte: Es handle sich bei dieser Veranstaltung nicht, wie man aufgrund des Namens vermuten könnte, um eine offizielle, von staatlicher Stelle getragene, sondern sie sei privat organisiert, und zwar von einem Deutschen, wie könnte es anders sein: Klaus Schwab hatte ebenso wie Suki als Jugendlicher das Skifahren in Davos gelernt und war dem Ort verbunden geblieben. Durch die Teilnahme zahlloser Staatschefs, Stars aus der Unterhaltungsindustrie sowie der reichsten Menschen des Planeten hatte sein WEF, wie die Abkürzung lautet, die die Dame mit dem blauen Haar wie ein Hundekläffen aussprach, mittlerweile den Nimbus des wichtigsten Treffens der Welt erlangt, das für fünf Tage im Jahr Davos zu deren Nabel macht.

Der Werbeslogan des neoliberalen Zusammenschlusses, dessen Träger etwa eintausend globale Unternehmen mit je milliardenschweren Umsätzen sind, lautet: »Committed to Improving the State of the World« – *Verpflichtet, den Zustand der Welt zu verbessern*. So stünde es dann auf allen Bannern, die von den Straßenlaternen zwischen Bahnhof und Belvédère hängen, von jeder Wand jedes Konferenzraums würde es verkündet, und auch auf der Schatzalp sei es zu lesen, sagte die Frau, und ich merkte, wie sie damit bei mir auf einen Nerv traf.

Dass die Welt Verbesserung dringend benötigt, weiß mittlerweile jedes Kind, von Teenagern ganz zu schweigen. Doch die Dame ließ sich in ihrer Tirade nicht bremsen und berichtete mir erbost, dass die Schüler des Ortes während des WEF nicht zum Unterricht dürften, aus Sicherheitsgründen. »Sie nehmen unsere ganze Stadt ein«, sagte sie und schaute mich mit ihren durchdringenden Vogelaugen an. »Wir können uns nicht mehr frei bewegen, und wer in der roten Zone wohnt, muss andauernd um Absperrungen herumturnen und sich ausweisen. Was für eine Gefahr soll es da die ganze Zeit geben? Am ehesten wohl, dass die Bauernfängerei auffliegt. Hauptsache, unsere Schweizer Luftwaffe darf sich einmal wichtig nehmen und zeigen, dass es sie überhaupt gibt!«

Nachdem wir uns verabschiedet hatten, beschloss ich, mich etwas einzulesen über jene Veranstaltung, und stieß dabei schnell auf die widersprüchlichsten Artikel, doch ein paar rote Fäden schienen sich durchzuziehen. Kontrovers diskutiert wird beispielsweise die ökologische Bilanz des Treffs, bei dem unzählige Helikopter im Einsatz sind und Tausende von Limousinen tage- und nächtelang mit laufenden Standheizungen die hässliche Durchgangsstraße verstopfen, zu der die ehemalige Promenade herabgesunken ist. Der Vorwurf der WEF-Opponenten zielt aber vor allem darauf ab, dass die einflussreichen Akteure bei ihrem Stelldichein die globale Misere nicht etwa verbesserten, sondern das Gegenteil täten, weil nämlich *dies* ihren finanziellen Interessen entspräche. Mitunter tauchen sogar Verschwörungstheorien auf, die von geheimen Weltbeherrschungsplänen schwadronieren, die hinter verschlossenen Türen der Schatzalp und anderer Kongressorte ausgeheckt würden, um nach Ende der Coronapandemie oder ähnlichen Katastrophen eine neue Ordnung zu installieren, die die Menschen entrechtet und für lückenlose Überwachung und Ausbeutung sorgt. Für solche radikalen WEF-Kritiker ist Klaus Schwab das personifizierte Böse. Doch die Wirklichkeit scheint weniger okkultistisch: Hier treffen sich keine Geheimbünde, sondern Führungskräfte, CEOs, Unternehmensberater, Risikokapitalgeber, Hedgefonds-Manager, deren monetäre Bedürfnisse sich alle überschneiden – und die deshalb inmitten der globalen Verwirrung und schwachen bis korrupten Regierungen untereinander ausbaldowern, wie sie Einfluss auf die Gesetzgebung ausüben können, um ihren Reichtum weiterhin zu vermehren, die Bilanzen zu bessern, ihre Aktionäre zufriedenzustellen: kein Hokuspokus, sondern *business as usual*. Wer fünf Tage lang auf einem Rockerfestival ist, läuft am Ende wie ein Rocker durch die Gegend – der Weltelite, die knapp 30 000 Dollar pro Eintrittsticket bezahlt, geht es ähnlich. Sie stecken sich mit ihren Ideen zur Geldvermehrung alle gegenseitig an.

Am gleichen Ort, wo einst der radikale Pazifist Albert Einstein seinen Eröffnungsvortrag der *Davoser Hochschulkurse* hielt, greift während des WEF Pop-Bozo Bono zum Mikro, bezeichnet den Kapitalismus zwar als »wilde Bestie«, die gezähmt werden müsse, verleiht aber der Ansammlung von Milliardären durch seinen Aktivisten- und Promistatus Glaubwürdigkeit, lässt sich zu seinem aufrechten, kritischen *Talk* gratulieren sowie dazu, es »geschafft« zu haben – und gesellt sich an die Champagner- und Hummerbar, über der »Growth

Forever« geschrieben steht, um ein Canapé mit Michelin-Stern zu mampfen. *Geld essen Seele auf.*

Was mir dabei immer klarer schien: Der Zauber des WEF lässt sich auf einen so simplen wie effektiven Trick zurückführen. Da die mächtigsten Menschen der Erde der Einladung von Klaus Schwab folgen, empfinden auch andere wichtige Leute den Impuls zu erscheinen, ob Finanzhaie, sogenannte Künstler oder Aktivisten, spielt dabei keine Rolle, gesehen werden ist alles. Selbst jene mit den vollsten Terminkalendern schaufeln sich die paar Januartage frei, um sich aufzuladen in der Elektrizität der Fiktionsmetropole Davos – und um zu verkünden, dass im Kapitalismus mit menschlichem Antlitz das Heil zu finden sei. Das Wort »Nachhaltigkeit« auf den Lippen, entsteigen (meist) Männer ihren Dienstwagen und erinnern geisterhaft an die kommunistischen Bonzen des Ostblocks der späten Achtzigerjahre, die besoffen etwas von Weltfrieden und Gleichheit aller Menschen faselten. Dabei ging es auch denen stets um Macht und die Ausübung von Gewalt. Thomas Mann würde über so viel Geschmack- und Stillosigkeit wohl die Hände über dem Kopf zusammenschlagen. Ernst Cassirer müsste vielleicht einsehen, dass sein humanistischer Optimismus wirklich fehl am Platze war und der antizivilisatorische Heidegger mit seinem todessehnsüchtigen Kampf aller gegen alle womöglich tatsächlich der zeitgemäßere Denker war.

Tatsächlich wirkt die lockende Exklusivität des WEFs wie ein Spiegelbild unserer Gesellschaft: So wie sich der privilegierte Norden vor den von Kapitalismus und Klimawandel gebeutelten Massen des globalen Südens mit Nato-Draht abschottet, wird dies beim WEF *en miniature* zelebriert – um Zeichen zu setzen für die Welt von morgen, mit der Angst vor Ausgrenzung zu spielen, gekoppelt mit dem Payback, sich an einem Ort wiederzufinden, der die eigene Existenz mit Bedeutung auflädt, ihr einen Platz in der globalen Geschichte zuweist.

Davos, dieser Schauplatz für Geschäftsabschlüsse und strategisches Networking, fungiert dabei als Ort, an dem sich die Angreifer in Stellung bringen, um weiteres Territorium zu erschließen, sich Reichtümer anzueignen – und diese auf *Insta* fröhlich mit allen zu teilen, nicht aber in der wirklichen Welt. Werte werden gesetzt und über die Medien transportiert – mit einer solchen Reichweite, dass es auch bei Suki, Lana und Lone ankommt. Es ist die vielleicht größte Lobbyaktion der Erde, das effektivste aller Propagandabüros, bei der die ultimativen Gewinner hinter verschlossenen Türen die Regeln für ihr weiteres Wohlbefinden vereinbaren. Es passiert dabei nichts Ungesetzliches, da sie die Gesetze und globalen Regularien mit den gleichfalls angereisten Entscheidungsträgern ebendort gleich gestalten.

Doch was sind die konkreten Ziele der jährlichen Selbstfeier – worum geht es im mit Maschinengewehr gesicherten Kongresszentrum sowie am Ende der Nacht in den Champagner-reihernden VIP-Bereichen? *Weniger Steuern,* lautet die ernüchternd einfache Antwort. Anstatt entsprechende Anteile an die öffentliche Hand weiterzureichen, die durch die Bereitstellung der Infrastruktur – Transportsysteme, Bildungseinrichtungen, Gesundheitsversorgung und vieles mehr – solche Gewinne erst ermöglicht, gelingt es den Top-Unternehmen, ihre Zuflüsse global zu verschieben, sodass am Ende nur wenig in die gemeinschaftlichen Kassen zurücktröpfelt. Dieses Geld fehlt an allen Ecken und Enden, ob es Ausgaben für die Armen sind, Investitionen in Schulen oder der Schutz der Natur, der Zugang zu sauberem Wasser. Prekäre soziale Situationen entstehen und begünstigen den Aufstieg der populistischen Rechten. Der ungeheure Gewinnzuwachs kommt am Ende nur jenem »Davos Man« zugute, wie der Wirtschaftskorrespondent der *New York Times,* Peter S. Goodman, die neue Spezies der Superreichen nennt, nicht der Masse an Arbeitnehmerinnen, die anstelle ökonomischer Absicherung mit steigender Inflation und einem härter werdenden Verdrängungswettbewerb zu kämpfen haben. Fakt ist: Die Rassen- wie Klassenunterschiede verstärken sich weltweit, und im Jahr 2030 wird die Zahl der Menschen, die täglich Hunger leiden, die Milliardengrenze überschreiten. Dies führt zu neuen Flüchtlingswellen, und diese schüren die Angst bis hin zum Hass, der sich gegen alles Mögliche richtet, ob es Neuankömmlinge sind oder andere Randgruppen wie die Juden – bislang aber nicht gegen die Superreichen selbst, für die das WEF ein Heimspiel darstellt, die Möglichkeit bietet, den Status quo beizubehalten, auszubauen.

Von meinen Recherchen erschöpft, bequemte ich mich auf den Liegestuhl auf der Loggia und blickte ins Tal. Der Zustand der Welt schien wirklich besorgniserregend, nur eines war klar: Schriftsteller, die über Davos schreiben, sind bei Weitem nicht die Einzigen, für die sich ein Aufenthalt hier in steuerlicher Hinsicht rentiert.

SIEBENTES KAPITEL

»Man müsste eine Stecknadel nehmen und sie irgendwo
in das siebente und letzte Kapitel des Werks hineinstechen.
So haben das Entdecker mit Landkarten gemacht.
So macht Thomas Mann es mit der Zeit. Sticht man hinein,
erkennt man, wie sehr man im Heute angekommen ist.«

Frank Schirrmacher

As it was

In dieser Welt / sind es nur wir / Weißt du, es ist nicht mehr dasselbe / wie es war / wie es war … Der Popsong von Harry Styles beschallte das Panoramaplateau oberhalb der Parsennbahn, aber Suki und Lana sangen nicht mit, da sie beide Harry Styles nicht *fühlten*, vielmehr totenlangweilig fanden, wie Suki abschätzig meinte: *So Teen Pop*. Unsere Stimmung war dennoch ausgezeichnet, denn Skilehrer Hansi hatte sein Okay gegeben: Nach drei Tagen des Lernens durften unsere Töchter an diesem letzten Urlaubstag auf die blauen wie roten Pisten – also losziehen mit uns. Die Sonne schien, weil sie nichts anderes zu tun hatte, die eintausend Gipfel ringsum wirkten wie die Zacken einer Krone, wie Noten, wie Musik, zu der Harry Styles mit seinen lackierten Fingernägeln in seinem roten, mit Pailletten besetzten Jumpsuit tanzte, während wir in Silber und Schwarz über die Hänge glitten: *You know it's not the same as it was –*

Doch das Lied, sosehr es im seichten Popkleidchen daherkommt, drang zumindest bei mir eine Spur tiefer. Es kam mir so vor, als handle es von der empfindlichen Winterkälte des Verlusts, von der Schwerkraft – von Vergänglichkeit. Fast kamen mir die Tränen hinter der großformatigen Skibrille, wenn wir nach unten fuhren, ich stets etwas voran, um dann zu warten und mich daran zu erfreuen, wie Suki mir in großen Pizzastücken entgegengepflügt kam, Helm auf dem Kopf, voll konzentriert. Wann konzentrieren sich Teenager schon einmal? Doch nur beim Skifahren, weil sie sonst hinfallen! Was mich an alldem so rührte, war die zeitliche Begrenztheit dieser aktuellen Phase des Verhältnisses zwischen Vater und Tochter. Sie würde wenige kostbare Jahre andauern, schmolz bereits wie der Schnee in der Sonne – und dann wäre Suki erwachsen und würde ausziehen.

Answer the phone
Harry, you're no good alone
Why are you sittin' at home on the floor?
What kind of pills are you on?

In der Mittagspause verspeisten die Mädchen in einem Liegestuhl mit weitem Blick über die Berge Würstchen mit Kartoffelsuppe, während Lanas Vater Lewi und ich uns flüssig ernährten, etwas abseits von unseren Töchtern an einem runden Tisch standen und zwei köstliche Biere tranken.

»So, morgen geht's also zurück«, sagte Lewi.

Ich schaute zu den Mädchen hin. »Ja«, sagte ich und holte mein Telefon hervor, auf dem eine Nachricht eingegangen war.

Nothin' to say
When everything gets in the way
Seems you cannot be replaced
And I'm the one who will stay, oh –

Ich starrte auf den Bildschirm. »Ich habe das Lügen und das Versteckspiel satt«, stand da: »Würdest du mich morgen Abend in deinem melancholischen Hotel in den Bergen empfangen? Ich wäre sehr glücklich, wenn wir heiraten könnten. Je t'aime.«

In this world, it's just us
You know it's not the same as it was
As it was, as it was
You know it's not the same

Ich blickte zu Lewi, der von Emma wusste. Dann zeigte ich ihm das Display.

»Sieht so aus, als würdest du deinen Urlaub etwas verlängern«, sagte er, nachdem er die Nachricht gelesen hatte, und klopfte mir auf die Schulter. »Keine Sorge, wir kümmern uns um Suki. Bleib du mal noch übers Wochenende hier, das scheint wichtig zu sein.«

Ich sah in Richtung Himmel und wusste nicht,

was ich fühlen sollte. Freude wahrscheinlich. Doch nagte da auch Zweifel …

Dann fuhren Suki, Lana, Lewi und ich, wie einst Skipionier Sir Arthur Conan Doyle, wenngleich von weniger Stürzen begleitet, und auch wie Martin Heidegger, der Pflugzwerg aus dem Kleinbürgertum, gemeinsam ein letztes Mal ins Tal hinab.

Abschied

Suki feierte es nicht so, als ich ihr von meiner Planänderung erzählte. Vielmehr sah sie mich an, als sei ich von allen guten Geistern verlassen. »Ich hab' gedacht, du *verlässt* sie endlich, und jetzt verlässt du stattdessen unsere lustige Reisetruppe!«

»Es ist die letzte Chance«, entgegnete ich. »Ich hab' zwei Jahre investiert. Das ist der Showdown. Kennst du *High Noon*?«

»Nö«, antwortete Suki enttäuscht. Sie hatte wirklich keine Lust, ohne mich die Heimreise anzutreten. Erst als Anne sich bereit erklärte, sich nicht nur bis zur Ankunft in Berlin, sondern darüber hinaus bis zum Sonntagabend um sie zu kümmern – und Suki sogar zum *zweimaligen* Übernachten für das gesamte Wochenende zu sich einlud –, war mein Töchterchen umgestimmt, und

Lana und sie umarmten sich grinsend, in Vorfreude, den Urlaub noch ein wenig in Berlin zu *stretchen*.

»Ach, Papsi«, meinte Suki zu mir, als wir uns vor der Tiefgarage voneinander verabschiedeten: »Ich versteh dich schon: Du denkst, es ist gut, wenn du der Sache noch mal nachgehst. So eine Art Entscheidungstreffen: *Make it or break it*. Aber ich glaub' nach wie vor, du verrennst dich da.«

»Ach, mein Töchterchen …« Ich umarmte sie. »Ich bin jedenfalls sehr froh, dass du in diesen wenigen Tagen hier in Davos tatsächlich das Skifahren gelernt hast.« Ich küsste sie auf die Stirn. »Vielen Dank für die tolle, inspirierende Zeit, die wir zusammen verbringen durften.«

»Mein Papsi, ich lieb dich auch«, sagte Suki, und jetzt hatte *sie* Tränen in ihren großen braunen Augen.

»Und bleib nicht sieben Jahre!«, fügte Anne breit lachend hinzu.

»Ich bin doch nicht so ein Waschlappen wie Hans Castorp!«, rief ich, dann nahm ich die Standseilbahn zur Schatzalp zurück.

Tanz auf dem Zauberberg

Das Tal hatte sich längst mit Schatten gefüllt, und obwohl es erst Nachmittag war, dunkelte es in dem weißen Zimmer. Die Schneefelder auf den Bergen gegenüber, die ihrem erdhaften Untergrund, der so ruhig und sicher steht, etwas Durchgeistigtes, Inneres, Zartes verliehen, glühten noch einmal auf, und dort drunten lag dieser merkwürdige Ort, in dem so unproportional viel gestorben und geweint, gedacht, gedealt und auch geliebt worden ist. Hier war Europa ganz bei sich: ein weißer Vogel, schwebend in der Luft, ein Platz gewesener Freuden und möglicherweise auch die Wiege neuer Hoffnungen.

Ich lag auf meiner Liege, schrieb und dachte an Emma, die vielleicht schon im Zug von Zürich hierher saß, im Restaurantwagen, den sie am liebsten nahm, wo sie einen Kaffee trank oder ein Glas Veltliner, falls es keine französischen Weine gab. War dies die Wende? Von Heirat hatte sie noch nie gesprochen, wenngleich häufiger versichert, dass sie sich von ihrem Mann trennen würde, um mit mir sein zu können. Ich spürte, dass es eine Chance gab, eine gute sogar, und hoffte es inständig, da ich ihr so viel mitzuteilen hatte … Bis ans Ende des Lebens gab es Dinge mit ihr zu besprechen, und war die

Liebe nicht genau das: ein Dialog, der nie langweilig wurde, sondern sich ständig aus sich selbst heraus erneuerte? Immer wieder stellte ich sie mir vor, während ich dalag und in die Berge schaute. Ihre mitunter schlaffe, durchaus schlechte Haltung, die aber von einer innerlichen Gespanntheit und Aktivität begleitet wird – und tatsächlich an Clawdia Chauchat erinnert, von der ich gerade eine Passage gelesen hatte: ihr rotes Haar, die glänzenden, tief liegenden Augen wehmütig umschattet, mit weiten Pupillen, der Körper dünn, durchscheinende Haut, zarte blaue Äderchen.

Wenn einst die Schwindsucht als elegante Krankheit gegolten hatte, da man sie von außen nicht sah, sie das Erscheinungsbild eines Menschen sogar verfeinerte, traf dies auf die Depression, unter der Emma litt, möglicherweise ebenfalls zu. Emma *war* elegant, und die fahle Blässe ihres schmalen Gesichtes, dessen Züge aufgrund leichter Abmagerung hervortraten und scharf geschnitten wirkten, wechselte häufig mit plötzlichem Erröten ihrer Wangen – einer sie überfallenden Überaktivität, dazu ihr perlendes, schwunghaftes Lachen, gepaart mit hingebungsvoller Resignation, vom herzförmigen Hintern ihrer knabenhaften Figur ganz zu schweigen. Wenn Tuberkulose euphorische Zustände auslösen konnte und sogar aphrodisierend gewirkt, außerordentliche Verführungskünste verliehen hatte, so erinnerte auch dies mich an das Subjekt meiner Begierde, ihre leichte Ansprechbarkeit, ihr bewegliches Gemüt. An ihre Vergeistigung, die zu sexueller Raffinesse führte – ihre stark ausgeprägte Gabe zu empfangen: Sie war dann *ganz da*. Aber ich wusste, dass auch bei ihr diese Lebhaftigkeit mit innerer Zerrüttung gekoppelt war und dass sie genauso gut auch *ganz weg* sein konnte. Gerade dies machte sie ja so reizvoll.

Bewusst heizte ich meine Sehnsucht nach Emma an und stellte mir vor, dass sie dies mitbekam – und im Gegenzug für mich brannte. So feinstofflich ist nämlich die Liebe. Diese Sehnsucht war allerdings auch eine Sucht, und ich hatte beschlossen, Letztere an diesem Wochenende zu besiegen, sie hinter mir zu lassen. Ich brauchte das nicht mehr. Entweder würde es zur Erfüllung kommen und einem neuen Abschnitt in meinem Leben, oder ich würde mit dem Emma-Kapitel abschließen, die Buchseiten dieser Liebesgeschichte zuklappen, um frei zu sein für etwas Neues.

Unwillkürlich musste ich an Heidegger denken, diesen schrecklichen Philosophen, den ich noch nie hatte lesen wollen, weil mir seine Sprache unanständig kompliziert erschien – und vor allem, weil mich sein Engagement für die Nazis abstieß. Doch gab es etwas, das tiefer in Heidegger lag, und dies schien mir das Interessante, auch für meine aktuelle Situation. Diese melancholische, angedunkelte Stimmung, die er ausstrahlte, kam nicht von ungefähr, sondern korrespondierte mit jener kaum lösbaren Herausforderung der menschlichen Existenz: äußerlich begrenzt zu sein, zum Scheitern, zum Sterben verurteilt, innerlich jedoch unendlich. *Hineingeworfen in die Welt* – so hatte er es wohl formuliert.

Fiebrig fühlte ich mich, ich musste aufhören, so viel zu denken, mich beruhigen. Wieder blickte ich auf mein Telefon. Um sicherzugehen, wie viele Minuten blieben, bis das Abendessen begann, das wir gemeinsam einnehmen wollten – ganz so wie Thomas mit Katia an seinem ersten Tag in Davos –, ging ich auf den Flur, wo mittig von der Decke die alte runde Siemens-Uhr hing, genau wie vor 125 Jahren. Noch immer funktionierte sie und zeigte an, dass es bald Zeit war, den Speisesaal aufzusuchen. Tatsächlich war ich nicht der Einzige auf dem langen Gang; es herrschte reges Treiben: Damen und Herren unterschiedlichen Alters kamen aus ihren Zimmern, strebten zum Aufzug oder zu den Treppen. Ich ging in mein Zimmer zurück, in dem ich diese schönen Tage mit Suki verbracht hatte, dachte an sie und vermisste sie sehr. Dann legte ich im Bad *Abendtoilette* an, wie es im *Zauberberg* heißt.

Wenige Minuten später lief ich in meinem maßgeschneiderten Anzug nach unten und betrat den Speisesaal, da ich hoffte, dass Emma mich vielleicht überraschen wollte – dass sie einfach dasaß, lächelte und auf mich wartete. Doch es dauerte nicht lange, bis ich realisierte, dass genau das eintrat, was ich befürchtet hatte: Emma war nirgendwo zu sehen. Ich holte mein Handy aus der Tasche meines Jackets, und tatsächlich: Da war eine Nachricht von ihr. Und jetzt wurde *ich* depressiv.

Noch vor dem Essen verließ ich den Speisesaal, mit schlenkernden Armen, um irgendwie Energie rauszulassen, mich abzureagieren. Ich ging in das ehemalige Röntgenkabinett, die Bar, die um diese Uhrzeit leer war, da alle speisten. Zu meiner Verwunderung stand der Fremdenführer mit dem Pilzohrring hinter dem Tresen, und ich setzte mich auf einen Barhocker vor ihn hin.

»Meine Güte, für ein gutes Getränk würde ich jetzt alles geben.« Ich rieb mir mit den Händen durchs Gesicht.

»Sehr gerne. Bierchen? Geht aufs Haus.«

»Vielen Dank. Nein, ich brauche etwas Stärkeres. Wie wär's mit einem Bourbon auf Eis?!«

Er drehte sich zu den sauber aufgereihten Flaschen um. »Kein Problem.«

»Ich habe hier jemanden erwartet«, sagte ich.

»Doch sie ist nicht gekommen. Deshalb war es vollkommen absurd, dass ich geblieben bin. Ich hab' meine Tochter mit Freunden alleine nach Hause fahren lassen deswegen.«

»Tut mir leid, das zu hören«, sagte der Fremdenführer und stellte den Drink vor mich.

Ich setzte das Glas an und trank es in einem Zug leer. »Ich hab' mir mal vorgenommen, falls es aus ist, mit der, die jetzt nicht gekommen ist, geh' ich auf den Berg, auf irgendeinen Gipfel, um die Geschichte dort oben hinter mir zu lassen. Es sollte zwar der Himalaya sein, das hatte ich mir so vorgestellt, aber ... wie heißt der Gipfel hier oben?«

»Strela«, antwortete der Fremdenführer. »Knapp zweisieben. Schaffst du in zwei Stunden.«

»Schwieriger Aufstieg?«

»Wenn du auf Schneefelder triffst, geh' drum rum. Einfach hinter dem Hotel dem Thomas-Mann-Weg folgen, dann immer weiter hoch.«

»Dem Thomas-Mann-Weg?«

»Ja, nicht zu verfehlen. Soll aber schlechtes Wetter geben morgen«, sagte er. »Musst du ein bisschen aufpassen.«

»Schlechtes Wetter? In Davos?« Heiser lachte ich. »Komm, gieß noch einen ein!«

Schnee

Der Thomas-Mann-Weg war leicht zu finden und führte in wenig herausfordernden Schleifen bergan. Nach einer guten halben Stunde Wanderung hörte ich Schüsse. Wie eine Maschinengewehrsalve kam es von oben, zerriss die Stille. Jäger? Doch das Trommelfeuer wurde immer lauter, nahm derart an Intensität zu, dass ich Menschen als Ursache ausschloss. Das war etwas anderes: Steinschlag! Ich hatte darüber gelesen, solche Rutsche häuften sich in letzter Zeit, angeblich hatte das auch mit der Klimaveränderung zu tun, wohl mit dem Abschmelzen der Gletscher, das dazu führte, dass das Wasser nicht mehr oben gehalten wurde, sondern unkontrolliert die Hänge hinabfloss, den Berg unsicher machte, ins Rollen und Abgleiten brachte. Jedenfalls hörte es sich an, als *schösse* der Berg, als ballere er in der Gegend herum, und ich beschloss, vorsichtig zu sein.

Nach einer Weile hatte ich den Abschnitt, in dem noch hässlich die Stahlstelzen des geschlossenen Skiliftes aus dem matschbraunen Boden ragten, hinter mir gelassen, und es ging recht steil nach oben. Gut so, dachte ich: So gewinne ich rasch an Höhe. Ich hatte mir einiges vorgenommen für den

Gipfel: Ich würde mich von Emma lösen, ihr alles Gute wünschen, mich frei machen für die Zukunft, alleine schon aus Verantwortung für meine sensible Suki. Doch ich musste *höher* dafür, viel höher: Überblick gewinnen. Ich musste wirklich *verstehen,* was in meinem Leben los war.

Wenn nur der Weg dorthin nicht so anstrengend gewesen wäre! Es fühlte sich in etwa so an, als ob ich in Berlin in irgendeinem Mietshaus die Treppen bis nach oben stieg, aber nicht in den fünften, sondern in den fünfhundertsten Stock. Ich hatte die Aktion unterschätzt, nicht einmal die Thermowäsche angelegt, die ich beim Skifahren trug, sondern war, noch leicht verkatert, in meiner tarnfarbenen Jogginghose losgestiefelt, Baumwoll-T-Shirt, Pulli, Winterjacke. Auch keinen Schal oder Mütze, nur die Basecap, auf der ein Spruch von Herman Melville stand: »I would prefer not to«, aus seiner Novelle *Bartleby*. Das T-Shirt war bereits durchgeschwitzt und klebte mir klamm am Körper, das Herz hämmerte in meiner Brust, so heftig vielleicht wie das von Klabund, wenn er Liebe machte mit Carola Neher.

Ich schaute, während es immer steiler wurde, bevorzugt nach unten, auf meine Füße: wie sie meinem Willen gehorchten, immer weiterstapften, wodurch der ganze Körper kontinuierlich an Höhe gewann. Sobald ich die Augen von den Wanderstiefeln löste und nach vorne richtete, sank mir allerdings der Mut angesichts der Bergflächen, die sich vor mir erhoben, und es lag da immer mehr Schnee. Wenigstens schien noch die viel gerühmte Davoser Sonne und half mir, motiviert zu bleiben. Doch als ich den nächsten Grat erreichte, schlug mir ein Wind entgegen, der bis ins Mark fuhr. Hätte ich Tuberkulose gehabt, wäre ich wohl auf der Stelle dahingeschwunden; so in etwa müssen sich die beiden ersten Patienten gefühlt haben, als sie im Winter 1865 verfroren und verdattert das eisige Davos erreichten. Doch litt ich nicht an Schwindsucht, meine Konstitution war gut, also stellte ich mich den Böen und stieg weiter, während der Himmel sich allmählich zuzog. Grimmig geballt schwebten bald die Wolken dort droben, gleichsam fragil, als ob sie an einem seidenen Faden hingen, eine Last trügen, die sie nicht mehr lange halten konnten. Es würde doch nicht etwa schneien?

Mehrmals lief ich durch Mulden, in denen vor Kurzem wohl Tiere genächtigt hatten, Spuren ihres Fells noch im Schnee, die mich an die Fetzen des Harris-Tweeds der Knickerbocker von Conan Doyle denken ließen, die er bei seiner von Stürzen begleiteten Talfahrt von der Maienfelder Furgga nach Arosa verloren hatte, nur wenige Hundert

Meter Luftlinie von hier entfernt. Ob sie wohl immer noch dort zu finden waren, diese Fäden und Spuren seines jüdischen Schneiders aus der Londoner Oxford Street?

Jetzt stand ich vor einem der Schneefelder, vor denen der Fremdenführer mich gewarnt hatte, und da sich die Perspektiven in der hochalpinen Weite trügerisch verschieben, war ich unsicher, wie weit es sich in beide Richtungen erstreckte. Dahinter stieg eine Felswand steil an, und ebendort erblickte ich die nächste Markierung. Wie ich dahingelangen sollte, durch die gleißende Weiße, war mir schleierhaft: Ein falscher Schritt, und ich sackte womöglich metertief weg. Aus irgendwelchen Gründen kam mir bei dieser Weiße erneut Heidegger in den Sinn – so etwa, dachte ich, hat er sich vielleicht gefühlt, als er zum ersten Mal *nachgedacht* hatte. Oder der Maler Kirchner, vor einer großen, leeren Leinwand. Oder Thomas Mann, als er die erste Seite seines *Zauberbergs* schrieb.

Mir war klar, ich musste einen Umweg nehmen. Linker Hand, etwas oberhalb, sah ich Vegetation: krautige Pflanzen, geduckte Sträucher. Sie führten in einem weitschweifigen Bogen um das Schneefeld herum zur Felswand. Doch brachte dieser Umweg, der mich Zeit und Kraft kostete, weitere, ihm eigene Schwierigkeiten mit sich: neue Schneeabschnitte nämlich, die ich zunächst nicht hatte sehen können. Immer wieder stoppte ich, wenn ich einen Felsbrocken erreichte, der aus dem Weiß ragte, und schabte mit dem Zeigefinger die Eisbröckchen aus dem Innenschaft der Wanderstiefel. Meine Socken waren längst pitschnass. Seit ich mich nicht mehr auf dem ausgewiesenen Pfad befand, beschlich mich ein ungewohntes Gefühl: die Furcht, mich zu verlieren, denn den Wanderweg konnte ich nirgendwo mehr entdecken. Das Landwassertal lag unfassbar weit unter mir, und gerade kam, wie eine Modelleisenbahn, ein Zug der Rhätischen Bahn gefahren, geradeso, wie es Holsboer einst organisiert hatte.

Pfiffe hörte ich plötzlich, durchdringende. Zunächst glaubte ich, es handele sich um Vögel, doch gab es hier keine Vögel mehr. Machten Berg und Wind diese Laute? Da stand vor mir, aufrecht wie eine Eins, ein Murmeltier, nur wenige Meter entfernt. Unverwandt blickte es mich aus seinen schwarzen Augen an und zitterte, blieb aber standhaft und pfiff erneut mit einer gellenden Entschiedenheit, die komisch wirkte, an einen aufgebrachten Schiedsrichter beim Fußball oder Eishockey erinnerte, beim Spiel Davos gegen Zürich vielleicht, das David Frankfurter gesehen hatte. Obgleich das Murmeltier sicher Respekt vor mir hatte, sonst hätte es ja nicht gepfiffen, hielt es die Stellung, versteckte sich nicht, sondern riskierte sein Fell, um seine Gefährten zu warnen: Achtung, ein Mensch!

Oder lag die Sache vielleicht anders – wollte das Tier womöglich *mich* warnen? Waren diese energischen Laute vielleicht der *Abpfiff,* weil das Spiel für mich an dieser Stelle vorbei war? Ich bekam nämlich soeben die erste Flocke ab, und wenn es nicht erneut Steinschlag war, kam das Rumpeln, das ich ebenfalls vernahm, von einem sich nähernden Gewitter. Das Murmeltier pfiff noch immer, und jetzt gesellte sich seinen Äußerungen der Wind bei, der an der Felswand entlangstrich, Wirbel erzeugte: *heulte,* und da blies es mir die Baseballmütze so weit vom Kopf, dass an ein Hinterherklettern nicht zu denken war. Aufgeschreckt verschwand das Murmeltier, rasch zog ich die Kapuze meiner Jacke über, verschnürte sie unterm Kinn, doch schränkte dies mein Sichtfeld ein, was problematisch war, da ich bei jedem Tritt achtgeben musste, nicht umzuknicken. Anders als Thomas Mann, der seinen Hans Castorp ja nur erfunden hatte, begab sich die Hauptfigur *meines* Zauberbergs offenbar tatsächlich in Gefahr, denn ich war es ja selbst. Hatte ich komplett den Verstand verloren? Ich war Vater, mit Verantwortung im Tiefland, und in mir disputierten jetzt leidenschaftlich Heidegger und

Cassirer: Komm, noch weiter hoch! Die Existenz ist eine Herausforderung, der mit Mut begegnet werden muss, so rief der eine – während der andere zum Maß gemahnte und mit erhobenem Zeigefinger auf die dunklen Wolken wies.

Da sah ich ihn: den Gipfel. Doch der Schnee fiel immer dichter, und die rot-weißen Markierungen, recht weit voneinander auf den Fels gepinselt, zeichneten sich kaum noch ab gegen diese Decke des Weiß, diese Knochenfarbe, die der Hang annahm. Dass ich umdrehen musste, *diesen* Gipfel niemals erreichen würde, stand plötzlich außer Frage. Rückzug war angesagt, und ich versuchte, den Weg zu nehmen, den ich gekommen war, doch auf einen Schlag hatte ich in dem Gestöber die Orientierung verloren. Im Zickzack stapfte ich durch den tiefen Schnee, setzte einen Fuß vor den anderen und gewann an Tiefe. Die Flocken flogen mir massenweise ins Gesicht, schmolzen dort, brannten auf meiner Haut, und ich konzentrierte mich auf die simple Aufgabe: noch einen Schritt, noch einen – und noch einen. Die einzige Gewissheit, die es gab, war jene, dass ich nach *unten* wollte, zurück zu Suki.

Plötzlich sah ich etwas, das sich vom Boden abhob, eine von Menschen errichtete Baulichkeit. Auch wenn ich mir nicht vorstellen konnte, dass sich dort jemand aufhielt, schien dieser Schuppen

Zuflucht zu versprechen, und ich hielt darauf zu, gegen den Wind. Ein Heuschober mit steinbeschwertem Dach war es, die Tür verschlossen, ich warf mich dagegen: Krächzend sprang sie auf. Sofort schloss ich sie hinter mir, um den Schnee fernzuhalten, stützte meine Hände auf den Knien ab und verschnaufte. Es war etwas wärmer hier drin, wenn auch nicht viel, und ob ich die Nacht überstehen würde, wusste ich nicht. Immerhin gab es Heu, ein paar Holzscheite, eine Axt. Ich setzte mich auf einen Schemel. Da sah ich etwas: eine zerknitterte Packung Zigaretten, eine Streichholzschachtel. Ich rauche normalerweise keinen Tabak, doch plötzlich fiel mir ein, dass … Aufgeregt kramte ich in meinen Jogginghosentaschen und fand es: das letzte Restchen Haschisch des Fremdenführers mit dem Pilzohrring. Ich öffnete das Zigarettenpäckchen, das uralt war und mich an David Frankfurter denken ließ, doch befand sich kein Attentatsplan darauf, nur der Hinweis, dass Rauchen tödlich sei, nahm ein Exemplar der obersten Lage heraus, pulte etwas von dem vertrockneten, bröseligen Tabak weg, um Platz zu schaffen für einige Bröckchen Hasch, riss ein Zündholz an und setzte den improvisierten Joint mit einigen hingebungsvoll paffenden Zügen in Brand.

Da befand ich mich also, im Tempel der Initiation, wie Hans Castorp. Würde sich mein Leben verändern? Unter mir lag das Tal, die Fiktion Davos, die sich in so viel Realität verwandelt hatte. Dieser Schober, der mir Schutz bot, war mein Gipfel, und ich dachte nach, während der Joint mich entspannte: Wie also stand ich zu Emma?

Was sie war, in meinem Kopf zumindest: ebenfalls eine Fiktion. Eine Geschichte, die ich mir zurechtgebastelt hatte, doch Geschichten, also Beziehungen, funktionieren nur, wenn beide *on the same page* sind, wie es die englische Sprache so schön trifft. Doch mit Emma war das nicht so.

Ich musste erkennen: Es gab da die reale Emma, und die liebte offenbar ihren Mann und brachte es nicht übers Herz, sich von ihm zu trennen, die Kleinfamilie zu sprengen, stufte diesen Teil ihres Lebens als wichtiger ein als das rauschhafte Abenteuer mit mir, das vielleicht lediglich die Funktion erfüllte, Dampf ablassen zu können. Und mein Ideal von der *Liebe des Lebens*, das ich in unserer Beziehung erkannt zu haben glaubte, hatte alles so schwer gemacht.

Hand aufs Herz: Emma war facettenreich, genau das liebte ich ja an ihr. Ich musste all ihre Seiten, auch solche, die mir weniger gefielen, nicht nur akzeptieren, sondern auch schön finden. Das war Liebe. Ich wünschte ihr alles Gute mit ihrem Ehemann, ihrem Kind, ihrer Familie, ließ sie frei – und ebenso mich selbst.

Ich würde als ein anderer ins Tal zurückkehren, zu Suki. Ich würde mich lösen von dieser Hyperromantik, die noch nie funktioniert hat. Um *Ebenen* ging es, um Flächen: Nicht mehr die vergeblichen Gipfel anstreben, der *Zauberberg* war vor allem an seiner weiten Basis interessant, an der das Leben und echte Liebe möglich waren. Wo sich Beziehungen bilden konnten, um mit Vorsicht und Rücksichtnahme das Dasein einfacher, schöner zu gestalten, sich gegenseitig zu unterstützen. Nicht die Vernunft, nur die Liebe ist stärker als der Tod, da hatte Thomas Mann schon recht gehabt, doch auch die Liebe *ist* Vernunft. Weniger von ihr zu verlangen bedeutete vielleicht, mehr zu erhalten.

Ich riss die Schobertür auf. Es hatte zu schneien aufgehört! Dies *war* also ein Zauberberg, und ich machte mich, während ich über ein geeignetes Schlusswort für meinen geplanten Bericht an das Kreuzberger Finanzamt nachdachte, an den Abstieg. Suki, die hatte jedenfalls recht gehabt.

Feierabend

Dank

Auch bei diesem Zauberberg ist das Wichtige die Basis, auf dem alles steht, und das sind andere Menschen, die beim Aufstieg helfen. Zuallererst fühle ich mich meiner Tochter und meinem Sohn verbunden, ohne die mein Horizont beschränkter wäre. Des Weiteren ziehe ich den Bergsteigerhut vor den Menschen in Davos, die mir Gastfreundschaft erwiesen und bei der Recherche halfen, wie Christoph Marty vom Institut für Schnee- und Lawinenforschung oder Hans-Ueli, der mir Zutritt zur Villa Dora ermöglichte, in der einmal Gustloff gewohnt hatte. Hervorgehoben sei Wolfgang Finsterle, Mitarbeiter des PMOD, der mich mit historischen Wetterdaten versorgte – und mich auch während des WEF beherbergte. Als Nächstes fällt mir der Lokalhistoriker Klaus Bergamin ein, der mich durch die Schatzalp führte und mir dabei manches Geheimnis enthüllte. Stellvertretend für das Team dieses wunderlichen Hotels gilt mein Dank Manuela Zeller. In der Dokumentationsbibliothek

Davos hat mir Annick Ryf sehr geholfen und in der Abteilung »Rare Handschriften und Historische Drucke« der Staatsbibliothek Berlin Immanuel Reisinger. Auch Martina Schönbächler vom Thomas-Mann-Archiv in Zürich sorgte sich um mich, ebenso Professor Klaus Müller-Salget, der mir bei kniffligen Thomas-Mann-Fragen zur Seite stand. Peter Villwock möchte ich danken, der mir erneut den Aufenthalt im Nietzsche-Haus ermöglichte und mir entscheidende Quellen (zum Kindersklavenhändler, zu Heidegger) heraussuchte. Vergessen möchte ich keineswegs meine treuen TestleserInnen: Sarah Elmer und meinen Vater Dr. Wolfgang Ohler sowie Anna Leevia und Anja Kyia Dräger. Auch die Andrew Nurnberg Agency in London, vor allem dort Sabine Pfannenstiel, möchte ich erwähnen sowie insbesondere das Team von Diogenes: meinen Verleger Philipp Keel, der vom ersten Lesemoment an dieses Buch mitvisionierte, gemeinsam mit Programmchefin Susanne von Ledebur und meinen Lektor mit dem romantischen und von daher zum Thema so gut passenden Namen Till Tannhäuser. Und last, not least danke ich meinen Mitreisenden nach Davos: Annette, Luci, Tina, Wanda, Paul – sowie natürlich dem Fremdenführer mit dem Pilzohrring. Was er und all die anderen mir gegeben haben: Es war einfach zauberhaft!

Bildnachweise

S. 29 Foto von Gemeinde Schwarzenberg / Privatbesitz
S. 40 Foto von Dokumentationsbibliothek Davos
S. 52 Foto von Dokumentationsbibliothek Davos
S. 56 Foto von Atelier Veritas / ETH-Bibliothek Zürich, Thomas-Mann-Archiv / TMA_0966
S. 80 Foto von Friedrich Müller und Theodor Hilsdorf / ETH-Bibliothek Zürich, Thomas-Mann-Archiv
S. 85 Foto von Fotograf unbekannt / ETH-Bibliothek Zürich, Thomas-Mann-Archiv / TMA_4356
S. 105 Foto von Dokumentationsbibliothek Davos
S. 118 Foto von Dokumentationsbibliothek Davos
S. 133 Foto von ullstein bild
S. 145 Foto von Dokumentationsbibliothek Davos
S. 156 Foto von Dokumentationsbibliothek Davos
S. 160 Skizze von Ernst Ludwig Kirchner, «Aufmarsch in Davos, (Szene aus Davos)», 1934–1936 / Ernst Ludwig Kirchner Archiv
S. 165 Foto von ullstein bild
S. 188 Foto von Dokumentationsbibliothek Davos

Bibliografie

Bollier, Peter, *Die* NSDAP *unter dem Alpenfirn. Geschichte einer existenziellen Herausforderung für Davos, Graubünden und die Schweiz*, Chur 2016.

Brecht, Bertolt, *Tagebücher 1920–1922. Autobiographische Aufzeichnungen 1920–1954*, Frankfurt a. M. 1975.

Bergamin, Klaus, *Davos von 1860–1950. Zeit des Krankseins – Zeit des Gesundens*, Davos 2020.

Fedin, Konstantin, *Sanatorium Arktur*, Berlin 1959.

Franke, Elisabeth, *Das große stille Leuchten. Eine Erzählung aus dem Kurleben in Davos*, Gießen 1947.

Frankfurter, David, *Ich tötete einen Nazi*, Wiesbaden 2022.

Friedman, Michael, *Carnap, Cassirer, Heidegger. Geteilte Wege*, Frankfurt a. M. 2004.

Goodman, Peter S., *Die Männer von Davos. Wie eine kleine Gruppe Milliardäre die Welt beherrscht*, München 2022.

Gordon, Peter E., *Continental Divide. Heidegger, Cassirer, Davos*, Harvard 2010.

Grass, Günter, *Im Krebsgang*, Göttingen 2002.

Gredig, Urs, *Gastfeindschaft: Der Kurort Davos zwischen nationalsozialistischer Bedrohung und lokalem Widerstand 1933–1948*, Davos 2008.

Harpprecht, Klaus, *Thomas Mann. Eine Biographie*, Reinbek bei Hamburg 1996.

Heidegger, Gertrud (Hg.), *»Mein liebes Seelchen!« – Briefe Martin Heideggers an seine Ehefrau Elfride 1915–1970*, München 2007.

Heidegger, Martin, *Holzwege*, Frankfurt a. M. 1950.

Hess, Daniel (Hg.), *Europa auf Kur – Ernst Ludwig Kirchner, Thomas Mann und der Mythos Davos*, Ausstellungskatalog, Nürnberg 2021.

Hildenbrandt, Fred: *»... ich soll dich grüßen von Berlin« Erinnerungen 1922–1932*, München 1966.

Jessen, Friedrich, *Der Wiederaufbau Deutschlands in seinem Zusammenhang mit neuzeitlichen Anschauungen über Tuberkulose und Schwindsucht*, Stuttgart 1919.

Kaulla, Guido von, *Brennendes Herz Klabund. Legende und Wirklichkeit*, Zürich 1971.

Kaus, Gina, *Und was für ein Leben ... Mit Liebe und Literatur, Theater und Film*, Hamburg 1979.

Klabund, *Deutsche Literaturgeschichte in einer Stunde*, Berlin 2016.

Klabund, *Die Krankheit*, in: ders., *Werke. Band 2*, Heidelberg 1999.

Klabund, *Franziskus*, in: ders., *Werke. Band 2*, Heidelberg 1999.

Klabund, *Geschichte der Weltliteratur in einer Stunde*, Leipzig 1923.

Klabund, *Kleines Klabund-Buch,* Leipzig 1921.
Ludwig, Emil, *Der Mord in Davos,* Amsterdam 1936.
Mann, Katia, *Meine ungeschriebenen Memoiren,* Frankfurt a. M. 1974.
Mann, Thomas, *Briefe* III, *1948–1955 und Nachlese,* hg. v. Erika Mann, Frankfurt a. M. 1979.
Mann, Thomas, *Tagebücher 1935–1936,* hg. v. Peter de Mendelssohn, Frankfurt a. M. 2003.
Mann, Thomas, *Tagebücher 1946–1948,* hg. v. Inge Jens, Frankfurt a. M. 2003.
Mann, Thomas, *Der Zauberberg,* Frankfurt a. M. 2003.
Mann, Thomas, »Mitteilung an die Literaturhistorische [sic!] Gesellschaft in Bonn«, in: ders., *Essais* I. *1893–1914,* Frankfurt a. M. 2002.
Mann, Thomas, *Rede und Antwort. Über eigene Werke; Huldigungen und Kränze: Über Freunde, Weggefährten und Zeitgenossen,* Frankfurt a. M. 1984.
Max, Katrin, *Liegekur und Bakterienrausch: Literarische Deutungen der Tuberkulose im »Zauberberg« und anderswo,* Würzburg 2012.
Möbius, Hugo, *Heinrich Schaumberger. Sein Leben und seine Werke. Nach authentischen Quellen dargestellt,* Wolfenbüttel 1882.
Moser, Ulrike, *Schwindsucht: Eine andere deutsche Gesellschaftsgeschichte,* Berlin 2018.
Pringsheim, Hedwig, *Meine Manns. Briefe an Maximilian Harden, 1900–1922,* Berlin 2006.
Raabe, Paul, *Klabund in Davos: Texte, Bilder, Dokumente,* Zürich 1990.

Schürer, Christian, *Der Traum von Heilung. Eine Geschichte der Höhenkur zur Behandlung der Lungentuberkulose*, Baden (Schweiz) 2017.

Sontag, Susan, *Krankheit als Metapher*, Frankfurt a. M. 1981.

Spengler, Alexander, *Die Landschaft Davos (Kanton Graubünden) als Kurort gegen Lungenschwindsucht*, Basel 1869.

Sprecher, Thomas, *Davos im Zauberberg. Thomas Manns Roman und sein Schauplatz*, München 1996.

Trawny, Peter, *Heidegger Fragmente. Eine philosophische Biographie*, Frankfurt a. M. 2018.

ARTIKEL UND VORTRÄGE

Asaid, Alan, »Mehr oder weniger einstimmig«, in: Süddeutsche Zeitung, 7. 12. 2011.

Beyer, Susanne, »Rabenmutter und Erlöserin«, in: Der Spiegel 8 / 2003, 16. 2. 2003.

Diebold, Bernhard, »Thomas Mann: *Der Zauberberg*«, in: Frankfurter Zeitung, 19. 12. 1924.

Dugalic, Jaschar, »Keine Gedenktafel für David Frankfurter in Davos«, in: Infosperber.ch, online: https://www.infosperber.ch/gesellschaft/ethnien-religionen/keine-gedenktafel-fuer-david-frankfurter-in-davos/

Gooderham, W. B., »Winter reads: The Magic Mountain by Thomas Mann«, in: The Guardian, 14. 12. 2011.

Gutmann, Moses Julius, »Eindrücke über Indikationen und Erfolge in Davos (mit besonderer Berücksichtigung der Lungentuberkulose)«, in: Die Tuberkulose, 1926, Nr. 24.

Hellpach, Willy, »Die Zauberbergkrankheit (Internat. Ärztl. Fortbildungskursus d. Balneologie und Balneotherapie 1927)«, in: Die Medizinische Welt, Nr. 1, 22.10.1927. Band 9. Karlsbader ärztl. Vortr. 1928: S. 87–110.

Hess, Daniel, »Mythos Davos: Auftrittsverbot für Erika Mann auf dem Zauberberg«, online: https://blog.muenchner-stadtbibliothek.de/mythos-davos-auftritts verbot-fuer-erika-mann-auf-dem-zauberberg-1934-erikamann/

Jötten, Frederik, »Fehldiagnosen in Davos«, in: Neue Zürcher Zeitung, online: https://www.nzz.ch/wissen/wissenschaft/fehldiagnosen-in-davos-ld.658236?redu ced=true

Just, Renate, »Wo ist der Zauberberg?«, in: Die Zeit, 28.1.1999.

Mayer, Hans, »Notizen aus vier kritischen Jahren. Die Irrfahrt zum Zauberberg«, in: Die Zeit, 7.12.1979.

MN, »Musikalischer Streifzug durch das Leben der großen Carola Neher«, in: Die Welt, 19.2.2004.

N. N., »Ein Kinderhandel«, in: Die Gartenlaube, Heft 4, S. 55–56, Leipzig 1866.

Schelenz, Curt, »Thomas Mann: ›Der Zauberberg‹ vom Standpunkte des Tuberkulosearztes aus gesehen«, in: Deutsche Medizinische Wochenschrift, Nummer 20, S. 831–832. Thomas-Mann-Archiv: D-I-HERZ-ZH 692.

Turban, Karl, »Lebenskampf, Die Selbstbiographie eines Arztes«, in: Acta Davosiana. Juli 1935; Sonderheft, Jg. 3, Nr. 10 50, Leipzig 1935.

Virchow, Christian, »Medizinhistorisches um den ›Zauberberg‹: ›Das gläserne Angebinde‹ und ein ›pneumologisches Nachspiel‹«, in: Augsburger Universitätsreden 26, Augsburg 1992.

Willmann, Urs, »Wie starb Kirchner«, in: Die Zeit, 4. 8. 2021.

Anmerkungen

EIN BETTELARMES BERGKAFF

S. 28 *»schritt von Hütte zu Hütte und pochte an die kleinen Fenster.«*
›Ein Kinderhandel‹, in: Die Gartenlaube, Heft 4, S. 55–56.

S. 30 *»zäher Ausdauer und überraschenden Körperkräften«*
Spengler, Alexander, *Die Landschaft Davos (Kanton Graubünden) als Kurort gegen Lungenschwindsucht*, S. 18.

S. 31 *»Die Richtung des Hochtales von Nordost nach Südwest, …«*
Ebd., S. 13.

DIE FIKTION DER HEILUNG

S. 36 *»Der Gesundheitstourismus nahm an Fahrt auf.«*
Siehe ebd., S. 16, ebenso der folgende Absatz. Spengler gab zu, dass »zur Zeit der Winteraufenthalt rationeller Begründung noch entbehren muss«.

S. 39 *»Dutzende von Pensionen und Sanatorien wurden gebaut, …«*

Sieh ebd., S. 87. Selbst Skeptiker zeigten sich versöhnlich: »Es ist doch kaum denkbar, dass alljährlich Hunderte von Patienten einer bloßen Theorie zu liebe sich in Schnee und Eis gegen die ganze Welt abkapseln würden, wären nicht positive Erfolge da, welche dazu aufmuntern könnten.«

S. 42 *»Alle starben zur gleichen Zeit.«*
Zitiert nach Schürer, Christian, *Der Traum von Heilung. Eine Geschichte der Höhenkur zur Behandlung der Lungentuberkulose,* S. 88.

S. 43 *»einen schlecht dränierten, überfüllten, mit Gas beleuchteten Sammelplatz einer kosmopolitischen Krankheit«*
Zitiert nach Hess, Daniel (Hg.), *Europa auf Kur. Ernst Ludwig Kirchner, Thomas Mann und der Mythos Davos,* S. 296.

S. 43 *»Klare und ausgesprochene Propagierung …«*
Ebd., S. 241.

S. 43 *»… von einer »eingebildeten Gefahr« titelten.«*
Ebd., S. 99.

S. 44 *»Fiebernde und Blutspuckende wurden auf …«*
Turban, Karl, *Lebenskampf. Die Selbstbiographie eines Arztes,* S. 11.

S. 44 *»Lustbarkeiten in den Kurhotels«*
Zitate hier nach Schürer, a. a. O., S. 103.

S. 45 *»Das schwere körperliche Leiden, gegen das …«*
Zitiert nach Möbius, Hugo, *Heinrich Schaumberger. Sein Leben und seine Werke. Nach authentischen Quellen dargestellt,* S. 186 und 190.

S. 46 *»Wo sanfte Gewöhnung nicht hilft, …«*
Zitiert nach Virchow, Christian, »Medizinhistorisches um den ›Zauberberg‹: ›Das gläserne Angebinde‹ und ein pneumologisches Nachspiel«, S. 5.
S. 46 *»wichtigen Erfindung des Taschenspucknapfes«*
Alle Zitate in diesem Absatz nach ebd., S. 9, S. 32, S. 99.
S. 48 *»unerwünschten Mahlzeiten«*
Mann, Thomas, *Der Zauberberg,* S. 72, sowie Virchow, a. a. O., S. 106.
S. 48 *»… dem »Stopfen von Gänsen« vergleichbar.«*
Ebd., S. 16.
S. 49 *»dass die sommerliche Kur nicht nur nicht weniger empfehlenswert, …«*
Mann, Thomas, *Der Zauberberg,* S. 90, siehe auch Schürer, a. a. O., S. 13.
S. 50 *»… der unangefochtene, allwissende »Tuberkulosepapst«*
Bergamin, Klaus, *Davos von 1860–1950 Zeit des Krankseins – Zeit des Gesundens,* S. 15. Auch neue, teure Behandlungsmethoden setzten sich durch. Eine in Mode kommende Operation war der »Pneumothorax«, wobei der kranke Lungenflügel lahmgelegt wurde. Ein weiterer Eingriff war die Thorakoplastik, bei der mehrere Rippen entfernt wurden, was einen heilsamen Effekt auf die Lunge ausüben sollte. Allerdings verstarben etwa ein Viertel der Patienten bei diesem brachialen Eingriff (siehe Moser, Ulrike, *Schwindsucht. Eine andere deutsche Gesellschaftsgeschichte,* S. 96). Als 1895 die Röntgenstrahlen erfunden wurden,

standen ein Jahr später in Davos die ersten Apparate, vor denen die Patienten bis zu drei Stunden liegen mussten, der starken Strahlung ausgesetzt.

DIE ERFINDUNG DES SKIFAHRENS

S. 51 *»Es gibt nichts besonders Bösartiges am Aussehen eines Paares ›Ski‹ …«*
Strand Magazine: An Illustrated Monthly, hg. v. George Newnes (Bd. VIII, Juli bis Dezember, 1894), London: George Newnes, LTD. S. 657–661, alle Zitate hier.

KATIAS BURN-OUT

S. 57 *»sexuell invertiert«*
Aus den Tagebüchern von 1919, zitiert nach Hans Mayer, ›Notizen aus vier kritischen Jahren. Die Irrfahrt zum Zauberberg‹, ebenso die beiden folgenden Zitate.

S. 58 *»zuweilen so neu und schön …«*
Mann, Thomas, »Mitteilung an die Literaturhistorische [sic!] Gesellschaft in Bonn«, S. 173. Zur Kritik an *Königliche Hoheit* siehe: https://literaturkritik.de/id/12887

S. 59 *»Ich war nicht schwer krank.«*
Mann, Katia, *Meine ungeschriebenen Memoiren,* S. 78, ebenso das vorherige Zitat.

S. 61 *»Dass auch Katia im Waldsanatorium flirtete, …«*
Siehe Harpprecht, Klaus, *Thomas Mann. Eine Biographie,* S. 352.

S. 61 *»die eine »saftige Dividende unter ihre Mitglieder verteilen« wollten.«*
Mann, Thomas, a. a. O., S. 182.

ANREISE – REMIX

S. 63 *»in seiner zitternden Klarheit zeigte das Zimmer sich heiter …«*
Ebd., S. 19. Die Begegnung von Thomas und Katia paraphrasiert aus *Der Zauberberg* vor allem S. 20 ff.

LIEGEKUR UND UNTERSUCHUNG – REMIX

S. 69 *»Eine tolle Erfindung«*
Siehe Mann, Thomas, *Der Zauberberg,* paraphrasiert S. 91 ff.S. 71 »endlos geschwätzt«
Mann, Katia, a. a. O., S. 78, ebenso das Folgezitat.
S. 71 f. *»Ich befand mich etwa zehn Tage …«*
Mann, Thomas, *Rede und Antwort,* S. 69, auch das Folgezitat.
S. 72 *»»Herein!«, rief Professor Jessen, …«*
Vgl. Mann, Thomas, *Der Zauberberg,* S. 246, die Folgezitate ebd., S. 67–69 und S. 246.
S. 74 *»Zuerst klopfte Chefarzt Dr. Jessen, …«*
Ebd., S. 250.
S. 77 *»Also die Luft hier bei uns«*
Vgl. Ebd., S. 253, siehe auch Mann, Katia, a. a. O., S. 81.

FLUCHT

S. 78 *»Ich kenne Sie doch ganz genau …«*
Mann, Katia, a. a. O., S. 90.

S. 78 *»Selbstverständlich ist es gesund und bekömmlich, …«*
Zitiert nach Pringsheim, Hedwig, Meine Manns. Briefe an Maximilian Harden, 1900–1922, S. 114.

S. 79 *»muntere Briefe«*
Brief von Thomas Mann an Heinrich Mann, 2.4.1912, Thomas-Mann-Archiv, ETH-Zürich.

S. 79 *»Ich habe meinem Mann absichtlich …«*
Mann, Katia, a.a.O., S. 80.

S. 81 f. *»Ich habe hier soviel Zeit zum Nachdenken …«*
Brief von Katia an Thomas Mann, Oberammergau, 16. Juni 1920, Thomas-Mann-Archiv, ETH-Zürich.

DER ZAUBERBERG, EIN ROMAN

S. 84 *»Bei der Konzeption erscheint eine …«*
Mann, Thomas, *Rede und Antwort*, S. 71.

S. 86 *»In der kalten Eisluft schriftstellerischer Meistertechnik …«*
Diebold, Bernhard, »Thomas Mann: *Der Zauberberg*«.

S. 87 *»in mehrfacher Hinsicht bemerkenswertes Werk …«*
In diesem und im nächsten Absatz zitiert nach Asaid, Alan, ›Mehr oder weniger einstimmig‹.

S. 88 *»historische Edelrost«*
Mann, Thomas, *Der Zauberberg*, S. 9.

S. 88 *»Thomas Mann sortierte sein Buch …«*
Sämtliche hier angegebenen Zitate aus Mann, Thomas, *Rede und Antwort*, S. 79–81.

S. 90 *»dies dilettantische Getränk«*

Mann, Thomas, *Der Zauberberg*, S. 668.

S. 91 *»Zwei graue Weiber, halbnackt, zottelhaarig …«*
Ebd., S. 676, das Folgezitat auf S. 677.

S. 91 *»Ich weiß alles vom Menschen.«*
Ebd., S. 679, das Folgezitat auf S. 681 f.

S. 92 *»kränkend, unschön, rücksichts- und verantwortungslos«*
Anstatt am Grab zu trauern, bekundete Thomas Mann »Mitleid innerlich mit dem Mutterherzen und mit E (Klaus' Schwester Erika). Er hätte es ihnen nicht antun dürfen. (…) Das Kränkende, Unschöne, Grausame, Rücksichts- und Verantwortungslose.« (Tagebucheintrag Thomas Mann, 22.5.1949) Und über einen früheren Suizidversuch seines ältesten Sohnes hatte er verlautbart: »Ich grolle ihm etwas, weil er seiner Mutter das antun mochte. Er ist verwöhnt durch ihr Alles verstehen – und durch meines.« (Brief Thomas Mann, 12.7.1949)

S. 93 *»Ihr Deutschen mögt die Ordnung …«*
Mann, Thomas, *Der Zauberberg*, S. 462 (Übers. d. Verf.).

DER ANTI-ZAUBERBERG ODER: DIE SCHÖNSTE FRAU DEUTSCHLANDS

S. 100 *»stets eine Aura der Liebenswürdigkeit«*
Moser, Ulrike, *Schwindsucht. Eine andere deutsche Gesellschaftsgeschichte*, S. 162.

S. 101 *»Einmal sind wir abends in einem Atelier …«*
Siehe die Einträge Berlin, 11. und 2. Dezember 1921, in: Brecht, Bertolt, *Tagebücher 1920–1924. Autobiographische Aufzeichnungen 1920–1954*.

S. 102 *»Dessen Villon-Gesänge inspirierten ihn später …«*
Brecht selbst bezeichnete Klabunds *Kreidekreis* 1935 als »Weltliteratur«. Infolge Brechts langer Beschäftigung mit dem Stoff, den weiteren Anregungen und vielen Fassungen ließe sich der genaue Anteil von Klabunds Text am *Kaukasischen Kreidekreis* von Bertolt Brecht nur in Detailforschung eruieren.

S. 103 *»Literaturgeschichte der Schwindsüchtigen«*
Klabund, *Geschichte der Weltliteratur in einer Stunde*, S. 88.

S. 106 *»Davos lag in der Abenddämmerung wie eine …«*
Klabund, *Die Krankheit*, S. 76.

S. 107 *»Protestversammlung Sterbender gegen den Tod«*
Ebd., S. 95.

S. 108 *»in günstigster Sonnenlage«*
Siehe Raabe, Paul, *Klabund in Davos*, S. 20.

S. 110 *»Sie kann ja hier bleiben …«*
Hildenbrandt, Fred, *»… ich soll dich grüßen von Berlin«*, S. 139 f.

S. 110 *»Sie war eine extrem sinnliche Frau …«*
Kaus, Gina, *Und was für ein Leben … Mit Liebe und Literatur, Theater und Film,* S. 163 f.
S. 112 *»ergreifenden Beseeltheit und kernigen Anmut«*
MN, ›Musikalischer Streifzug durch das Leben der großen Carola Neher‹.
S. 112 *»… ihm selbst die Vitalität raubte«*
Siehe Moser, a. a. O., S. 162.
S. 112 »Der Zauberberg *hat die Davoser sehr verärgert«*
Mann, Katia, a. a. O., S. 84–85.
S. 113 *»Sturm der Entrüstung«*
Zitiert nach Hess, a. a. O., S. 62.
S. 113 *»Befremden und Empörung«*
Hellpach, Willy, ›Die Zauberbergkrankheit (Internat. Ärztl. Fortbildungskursus d. Balneologie und Balneotherapie 1927)‹, S. 87–110.
S. 113 *»Lustschlösschen, die ungeheure Laxheit, die bestand …«*
Mann, Katia, a. a. O., S. 94.
S. 114 *»bestgehassten Buch in Davos selbst, …«*
Siehe Gutmann, Moses Julius, ›Eindrücke über Indikationen und Erfolge in Davos (mit besonderer Berücksichtigung der Lungentuberkulose)‹, S. 372–375.
S. 114 *»Die ernste Arbeit der Heilstätten …«*
Schelenz, Curt, Thomas Mann: ›Der Zauberberg‹ vom Standpunkte des Tuberkulosearztes aus gesehen, S. 831–832.
S. 114 f. *»die Unwissenheit des Schriftstellers«*
Turban, K., a. a. O., S. 50.

S. 115 *»Er kannte die Macht der Fiktion ...«*
Ohnehin hatte Jessen eine von Turban abweichende Meinung zu den auch längerfristigen Effekten des *Zauberbergs*. Ihm war klar, dass die Zukunft des Ortes stets vom Fremdenverkehr abhängig sein würde – doch müsse dieser nicht notwendigerweise auf die Heilung von Tuberkulose ausgerichtet bleiben. So viele Tb-Patienten es noch immer in Europa gab: Mehr Menschen würden künftig das Hochgebirge vielleicht aus anderen, rein touristischen Gründen besuchen, und da war ein weltberühmter Roman Gold wert. So profitierten letztlich beide, Thomas Mann wie Davos – wobei sich der Effekt für den Ort erst nach dem Zweiten Weltkrieg auswirkte. Als Katia Mann 1968, ihr Gatte war längst verstorben, jenen Ort erneut besuchte, wurde ihr ein offizieller Empfang bereitet, und »wollten die Davoser mir absolut zu Ehren des ›Zauberbergs‹ ein Fest geben. Nun, sie machten es auch, aber es war schon nicht ohne Komik, wenn man bedenkt, was für böses Blut es gegeben hatte. Jetzt sind alle ganz stolz auf das Buch.« (Mann, Katia, a. a. O., S. 86.)

S. 117 *»Vor der Visite bei Dr. Staub ...«*
Siehe Klabund, *Die Krankheit*, S. 76.

S. 117 *»von den Kurgästen interessiert beobachtet, ...«*
Ebd., S. 77.

S. 119 *»Die literarische Welt der deutschen Zunge ...«*
Siehe die Davoser Blätter, 5. 12. 1924, auch das Folgezitat.

S. 120 *»Ich stelle fest«*
Paraphrasiert nach Raabe, a. a. O., S. 184.
S. 121 *»Als auf dem Nachhauseweg helleres Wetter eintrat, …«*
Ebd., S. 195.
S. 122 *»als Bedrohung des Körpers und des Subjekts schlechthin«*
Möbius, a. a. O., S. 128.
S. 123 *»Ein Herr tanzt exaltiert wie …«*
Klabund, *Davoser Bar,* in: ders., Kleines Klabund-Buch, S. 52.

DIE KRANKEN ZWANZIGER

S. 124 *»als wenn man einer Hungersnot mit Austern statt mit Brot und Speck abhelfen wolle«*
Schürer, a. a. O., S. 132 f.
S. 125 f. *»Ich bin eine junge Frau aus erster Familie mit sehr guter, moderner Erziehung …«*
Siehe die Zuschrift »Zauberberg«, in: Das Tage-Buch, hg. v. Stefan Großmann, 2. Halbjahr 1926, S. 1091, online: https://archive.org/details/DasTage-buch19262.Halbjahr/page/n161/mode/2up.
S. 126 *»Eine Kokotte mit einem Greisenkopf, …«*
Klabund, *Die Krankheit,* S. 108.
S. 127 f. *»die ganze Lebensführung«*
Die Zitate in diesem Absatz aus: Möbius, a. a. O., S. 101 und S. 125 f.
S. 128 *»Sie stehen 3 Minuten vor 2 Uhr, …«*
Ebd., S. 126 f.

S. 129 *»Gefahr von innen«*
Ebd., S. 126.

DER TOD DER ZWANZIGER

S. 129 *»einwandfreie und sicher wirkende Reklame«*
Zitiert nach Hess, a. a. O., S. 62.

S. 130 *»Ein spezifischer Heilfaktor des Hochgebirgsklimas …«*
Zitiert nach Schürer, a. a. O., S. 244.

S. 131 *»Lasset uns auch nicht vergessen, dass dies …«*
Zitiert nach Bruns, Katja, *Anthropologie zwischen Theologie und Naturwissenschaft bei Paul Tillich und Kurt Goldstein,* S. 9, Anm. 8, auch das vorige Zitat.

S. 132 *»Der Körper braucht Gymnastik …«*
Zitiert nach Keil, Lars-Broder, ›Deutschlands schönste Frau starb im Gulag‹.

S. 135 f. *»Gemessen am Schwarzkugelthermometer«*
Siehe die Wettertabelle zum August 1928, PMOD.

S. 138 *»Das Morgenrot!«*
Klabund, *Die Krankheit,* S. 110.

S. 138 *»Ich möchte, dass man meine …«*
Klabund, *Franziskus,* S. 69.

S. 139 *»Der einzige Mensch, der mich …«*
Zitiert nach Kaulla, Guido von, *Brennendes Herz Klabund – Legende und Wirklichkeit,* S. 194.

S. 142 *»Davos selbst ist furchtbar; maßloser Kitsch in der Architektonik …«*
Heidegger, Gertrud (Hg.), *»Mein liebes Seelchen!« – Briefe Martin Heideggers an seine Ehefrau Elfride 1915–1970*, S. 160, auch die folgenden Zitate in diesem Absatz.

S. 143 *»Dann ging es ins Tal zurück.«*
Siehe Gordon, Peter E., *Continental Divide. Heidegger, Cassirer, Davos*, S. 112.

S. 143 *»Nun konnte ich meine Skitechnik …«*
Heidegger, Gertrud, a. a. O., S. 160.

S. 143 *»An den Abenden, noch mit dem Schwung unserer weitreichenden Exkursionen …«*
Siehe Brief von Martin Heidegger an Elisabeth Blochmann, in: Heidegger, Martin, Blochmann, Elisabeth, *Briefwechsel, 1918–1969*, hg. v. Storck, Joachim, Marbach 1989, S. 29.

S. 144 *»Vom inhaltlichen abgesehen …«*
Heidegger, Gertrud, a. a. O., S. 162.

S. 146 *»Heidegger hingegen verkörperte das Unbekannte, …«*
Siehe Gordon, a. a. O., S. 338.

S. 146 f. *»Es ist furchtbar, wie zerrissen, ungleichartig, ohne Halt und Instinkt …«*
Heidegger, Gertrud, a. a. O., S. 162.

S. 147 *»Widerstreit, der im Wesen der Freiheit liegt«*
Zitiert nach Trawny, Peter, *Heidegger Fragmente. Eine philosophische Biographie*, S. 85.

S. 147 *»Und doch verstehen wir uns …«*
Zitiert nach Trawny, a. a. O., S. 85.

S. 147 *»Auf Krawall getrimmt, soll Heidegger, …«*
Gordon, a. a. O., S. 339. Andere Anwesende - passend in dem Zusammenhang - bestätigten diese Geste der Zurückweisung nicht.

S. 148 *»Härte des Schicksals«*
Zitiert nach Trawny, a. a. O., S. 86.

DER DIKTATOR VON DAVOS

S. 154 *»›Tuberkulosepapst‹ zum ›Tuberkulosetyrannen‹«*
Bergamin, Klaus, *Davos von 1860–1950. Zeit des Krankseins – Zeit des Gesundens,* S. 15. Turban machte aus seinen antibürgerlichen wie antidemokratischen Ansichten keinen Hehl und veröffentlichte 1935 im Deutschen Reich seine Autobiografie mit dem an Hitlers Hetzschrift erinnernden Titel *Lebenskampf.*

S. 154 *»Burg des Deutschtums«*
Ludwig, Emil, *Der Mord in Davos,* 1936, S. 57. Siehe auch Schürer, Christian, *Der Traum von Heilung. Eine Geschichte der Höhenkur zur Behandlung der Lungentuberkulose,* S. 103.

S. 154 f. *»Judentum als Rassentuberkulose der Völker«*
Moser, a. a. O., S. 197.

S. 155 *»schüchterner, nicht ernst zu nehmender Funktionär«*
Gredig, Urs, *Gastfeindschaft. Der Kurort Davos zwischen nationalsozialistischer Bedrohung und lokalem Widerstand 1933–1948,* S. 26.

S. 157 f. *»Ich liebe auf der Welt …«*
Zitiert nach Ludwig, a. a. O., S. 55.

S. 158 *»Wenn der Führer mir befiehlt …«*
Zitiert nach Bollier, Peter, *Die* NSDAP *unter dem Alpenfirn*, S. 31.

S. 158 *»Der Nationalsozialismus sieht in den …«*
Ebd., S. 36.

S. 158 f. *»Sprünge wird die Welt auch Hitlers wegen nicht machen«*
Siehe die Davoser Zeitung, 31. 1. 1933 sowie 15. 2. 1933.

S. 159 *»Ein Deutscher, der sich vier Wochen …«*
Gredig, a. a. O., S. 32.

S. 159 *»Kaufe nur bei Deutschen, wenn …«*
Siehe Schweizerisches Bundesarchiv CH-BAR: E 4320 (B) 1968/195, Bd. 40.

S. 161 *»Die Adressen, auch von Neuzugezogenen, …«*
Siehe Gredig, a. a. O., S. 30.

S. 161 *»How to make the British people …«*
CH-BAR: E 4320 (B) 1968/195, Bd. 39, C2.79, ›Jahresbericht Alpines Pädagogium Fridericianum zu Davos, 60. Schuljahr 1937/38‹, herausgegeben im Februar 1939.

S. 162 *»alle wichtigeren Artikel für und gegen …«*
Bollier, a. a. O., S. 163.

S. 162 *»Preßorgane, die durch besonders schwere …«*
Bundesratsbeschluss vom 26. 3. 1934, siehe: https://doi.org/10.5169/seals-332082.

S. 162 *»Angriffe und kritische Pressestimmen betreffend …«*
Bollier, a. a. O., S. 163.

S. 163 *»Die Tendenz des Cabarets ist …«*
Siehe den Artikel von Hess, Daniel, ›Mythos Davos: Auftrittsverbot für Erika Mann auf dem Zauberberg‹.

S. 164 *»Zwar hatte die* NS*-Gesundheitsführung in Berlin dem Abfluss deutscher Gelder …«*
In einem Schreiben des Sanatoriumsvorstandes der Deutschen Heilstätte Davos-Wolfgang an Gustloff hieß es beispielsweise: »Eine größere Reihe von Versicherungsträgern weigert sich, Kranken, die sich bei uns zur Kur befinden oder zu einer Kur angemeldet haben, Zuschüsse zu den Kurkosten zu gewähren, sondern diese nur für eine Kur in einer innerhalb der Reichsgrenzen gelegenen Heilanstalt zu bewilligen.« (Bollier, a. a. O., S. 80-81)

S. 164 *»die Versicherungsträger und die amtlichen …«*
Heilstätte Davos an Wilhelm Gustloff, 1. 5. 1933. Aus: Davos-Wolfgang, Archiv der Heilstätte, S. 23.

S. 164 *»als lebensnotwendig für die deutschen Interessen erklärt«*
Bollier, a. a. O., S. 85.

S. 166 *»Mehrere Dutzend Ortsgruppen, Stützpunkte, Standorte der Hitlerjugend …«*
Richard von Weizsäcker, späterer Bundespräsident der Bundesrepublik Deutschland und Sohn von Ernst von Weizsäcker, des Gesandten Hitlers in der Schweiz, leitete die HJ-Gruppe in Bern.

S. 166 *»Liegt Davos in der Schweiz?«*
Leserbrief von Silberroth, Moses, in: Volksstimme, 28. 7. 1933.

S. 167 *»ob der beamtete Sekretär des Physikalisch-Metereologischen Observatoriums Davos, …«*
Bollier, a. a. O., S. 147–148.

S. 168 *»Wir vermögen in der Tätigkeit …«*
Ebd., S. 148, auch die vorherigen Zitate in diesem Absatz.

EIN JUDE ERSCHIESST EINEN NAZI

S. 168 *»Ich kann das Unglück des jüdischen Volkes nicht länger ertragen«*
Siehe: Archiv für Zeitgeschichte, Bestand JUNA, Schachtel II. 28. Urteil des Kantonsgerichts von Graubünden vom 9. und 14. Dezember 1936. Nicht abgesandter Abschiedsbrief Frankfurters.

S. 169 *»Doch auch dort sah er immer mehr Hakenkreuze Jackenaufschläge zieren«*
Zu den in diesem Kapitel geschilderten Ereignissen gibt es unterschiedliche Darstellungen. Größtenteils folge ich den Beschreibungen von David Frankfurter selbst, mitunter auch den Arbeiten von Peter Bollier und Urs Gredig.

S. 170 *»Ich war entschlossen, eine unübersehbare …«*
Frankfurter, David, *Ich tötete einen Nazi*, S. 97.

S. 170 *»Ich wollte die freie Schweiz …«*
Ebd., S. 31 f.

S. 170 f. *»Haufen billiger Revolver und …«*
Ebd., S. 89, ebenso die beiden folgenden Zitate.

S. 171 *»Ein Bursche, der dort angestellt …«*
Ebd., S. 94–95, ebenso das folgende Zitat.

S. 171 *»Liebe Linny, ich bleibe abends fort …«*
Ebd., S. 97.

S. 179 *»Montag 3. 11. 36 1/2 10 muss die Verurteilung …«*
Ebd., S. 103.

S. 179 *»die Feder des Revolvers auf …«*
Ebd., S. 104, sowie die folgenden Sätze paraphrasiert.

S. 179 *»Eine Frau beugte sich über das Geländer des zweiten Stockes und fragte nach seinem Begehr.«*
Ebd., S. 105 ff., die gesamte Szene paraphrasiert.

S. 180 *»nicht hübsch, aber durchaus nicht abstoßend«*
Ebd., S. 112.

S. 187 *»Ich habe den Nazi-Agenten ermordet …«*
Gredig, a. a. O., S. 38.

S. 187 *»Eine Pritsche mit einem Strohsack …«*
Frankfurter, a. a. O., S. 114.

S. 189 *»als Jude und Slawe eine ganz andere Mentalität als die Schweizer«*
Gredig, a. a. O., S. 41, das Folgezitat S. 40.

S. 189 *»Unheilvoller Fanatismus allein konnte den …«*
Bollier, a. a. O., S. 219, auch das Folgezitat.

S. 190 *»wahren Schreikrampf von Unsinn und Lüge«*
Mann, Thomas, *Tagebücher 1935–1936*, S. 256.

S. 190 *»Ein riesiges Kreuzfahrtschiff der NS-Ferienorganisation* Kraft durch Freude, *…«*
Am 30. Januar 1945, dem 50. Geburtstag von Wilhelm Gustloff und zwölften und letzten Jahrestag der »Machtergreifung«, versenkte ein sowjetisches U-Boot vor der Küste Pommerns die Wilhelm Gustloff, die voller Kriegsflüchtlinge aus Ostpreußen war.

9000 Menschen ertranken im eiskalten Ostseewasser, meist Frauen und Kinder: die größte Schiffskatastrophe aller Zeiten. Ist über dieses Ereignis des Öfteren die Rede, beispielsweise in der Novelle »Im Krebsgang« des Literaturnobelpreisträgers Günter Grass, wodurch der Name Gustloffs in Erinnerung blieb, wurde die Tat David Frankfurters wenig gewürdigt.

S. 191 *»Dieses Ziel hatte David Frankfurter erreicht, …«* 1940, als die Wehrmacht ihre großen Erfolge feierte und bis auf die kleine Alpenrepublik so gut wie alles in Europa eingenommen hatte, ruderte die Schweizer Regierung zurück. Der Bundesrat erlaubte eine mehr oder weniger offizielle Wiedereinrichtung der Landesgruppenleitung und der Kreisleitungen unter dem Schirm der diplomatischen Vertretung des Hitler-Regimes in Bern: Ein »Verbot der NSDAP (…) halten wir z. T. für unmöglich, z. T. für unzweckmäßig. (…) Die besonderen Verhältnisse, in denen wir heute leben (…) machen es notwendig, bei der Sicherung der einmal aufgestellten grundsätzlichen Schranken kein stures Polizeiregime anzuwenden, sondern durch Entgegenkommen da, wo es möglich ist, das Zusammenleben zu erleichtern und Reibungsflächen auszuscheiden.« Selbst im Mai 1945, als das NS-Regime zusammenbrach, war es mit dem Nazispuk in Davos nicht vorbei. Die Hakenkreuzflagge über der deutschen Oberschule flatterte noch einige Monate länger. (Gredig, a. a. O., S. 43)

S. 191 *»zu komplex, um auf einer Infotafel zusammengefasst zu werden«*
Siehe Dugalic, Jaschar, ›Keine Gedenktafel für David Frankfurter in Davos‹, in: Infosperber.ch.

DAS ENDE DES SKIFAHRENS

S. 195 *»Hinter dem Städtchen auf den …«*
Frankfurter, a. a. O., S. 115.

S. 198 *»weltbesten Gästeprogramm«*
Just, Renate, ›Wo ist der Zauberberg?‹, in: Die Zeit, 28. 1. 1999.

S. 198 *»Heute ist Davos ja gänzlich verwandelt.«*
Mann, Katia, a. a. O., S. 86.